*allen Schulpflichtigen und -flüchtigen*

*Ulrich Zimmermann,* aufgewachsen in Donaueschingen und Freiburg, schreibt und veröffentlicht Gedicht- und Prosabände, zuletzt (2006) den Roman „Der Festplattenbau" und gibt Anthologien heraus. Er war lange Zeit Lehrer, ist Mitbegründer der Ateliergemeinschaft Wilhelmshöhe in Ettlingen und hat sich im Vorstand des Schriftstellerverbandes (VS), im SDR-Rundfunkrat und als Förderkreis-Vorsitzender für die Belange der Autoren eingesetzt. (Foto: Christine Eigel)

Ulrich Zimmermann

# Winter a. D.

*Roman*

# 1

Im Klassenzimmer drohte Chaos. Armin Winter hatte vergessen, wo die Geschichte stand. Und beim fieberhaften Blättern merkte er, dass ihm auch Autor und Titel entfallen waren.

„Sie haben das falsche Buch, Herr Winter!"

Er schloss und besah es: Tatsächlich, es war das für die Neuntklässler. Ihm wurde etwas leichter: „Na, dann gib mir doch das richtige!"

Stephan streckte ihm seines hin.

Wie hieß der verdammte Text?

Michael bot derweil einen selbstgefalteten Papierflieger an.

„In den Papierkorb", barschte Winter.

„Ooch, der ist so schön", nölte der Fliegerfalter und machte sich auf den Weg.

Katrin schrie auf. Jan hatte nach dem Briefchen gegrapscht, das sie unter den Argus-AugenBlicken ihrer Nachbarinnen mit aller Liebe verfasste.

„Katrin raus!", brüllte Winter.

„Gib ihn her!", heulte die Briefstellerin und überwältigte den schmächtigen Räuber von hinten. Der versuchte sie abzuschütteln und las seinen Nachbarn vor. Florian ging vor Lachen zu Boden.

Armin Winter verlor den Überblick: Seine Hightech-Hörstöpsel übermittelten nur noch Krach. Wenn er nicht sofort durchgriff, ging er zu Boden.

„Schluss!" Winters Stimme kippte in den Diskant: „Hefte raus! Diktat!"

„Wieso denn!?", protestierte Thomas.

„Ich hab' mein Heft draußen im Schließfach. Darf ich's holen?!", rief Dominik.

„Ich auch!", meldeten sich andere und immer mehr.

„Hiergeblieben!", rief Winter – doch es war zu spät: Schon sprangen alle auf und stürmten Richtung Tür. Dominik und Thomas entwischten als Erste.

Allen anderen kam Winter behände zuvor. Er baute sich im Türrahmen auf, doch Katrin und Florian, Michael, Jan, Norman und Torsten (auch du!) und (natürlich!) Helena und alle anderen drängten ihn einfach hinaus und rannten johlend den Gang hinunter zu den Schließfächern, die allerdings im Erdgeschoss waren. „Halt", schrie Winter ihnen nach, „kommt sofort wieder her!" Keiner kümmerte sich um seinen Rückruf. Sie hatten sich zu Dreier- und Vierergruppen untergehakt und skandierten (woher kannten die das bloß?): „Ho Ho Ho Chi Minh! Ho Ho Ho Chi Minh! Ho Ho Ho Chi Minh!" Am liebsten wäre er mitgehotscht, wie einst im Mai. Als er sich endlich in Bewegung setzte, bog die letzte Gruppe gerade um die Ecke vor dem Rektorat und verschwand aus seinem Blickfeld.

So schnell er konnte, ging er ihnen jetzt nach, und als er um die Ecke bog, fiel er sogar in einen schwerfälligen Laufschritt, der seine Herzfrequenz sofort in die Höhe jagte. Die Treppe hinunter nahm er zwei Stufen auf einmal – wie er das als Junge immer getan hatte. Heikle Sache, wegen der Gleitsichtbrille konnte man leicht eine Stufe verfehlen und auf die Schnauze fliegen!

Nun war er unten. Nur, wo waren seine Schüler? Vor den Schließfächern regte sich keine Seele – oh, wahrscheinlich hatten sie sich zwischen den Kleiderständern versteckt! Entschlossen ging Winter auf die Garderobenständer zu und stieß in eine enge Gasse zwischen Schülerjacken vor, die sich hinter ihm sofort wieder schloss. Er rang nach Luft: Es war entsetzlich stickig und heiß. Wie ein Ertrinkender ruderte er zurück und befreite sich aus der klammlaschen Klamottenumarmung. Wieso hingen da eigentlich lauter *Winter*jacken – mitten im Sommer?

Nein, seine Schüler blieben verschwunden. Es blieb ihm nichts übrig, als ihren Abgang Chef Ruprecht zu melden. Mit weichen Knien stieg er die Treppe wieder hinauf. Er musste sich am Geländer hochziehen.

Unheimlich still war's im Haus. Und die Tür zum Rektorat geschlossen.

Er klopfte: Nichts regte sich. Er drückte die Klinke, die Tür ging auf. Zögernd streckte er den Kopf hinein, doch in diesem Raum war es stockdunkel. Winter durchfuhr ein eisiger Schauer: Eine Hand hatte sich auf seiner Schulter niedergelassen. Blitzschnell drehte er sich um und blickte in das grinsende Gesicht des Hausmeisters. „Ich denk', Sie sollten in Ihre Klasse gehen und nicht hier im Haus herumspuken."

„Aber" – langsam erholte sich Winter von seinem Schock – „die sind mir doch abgehauen."

„Die sind in guten Händen! Zwei von Ihren Kandidaten sitzen im Klassenzimmer und warten auf Sie und Ihr Diktat."

In guten Händen?, überlegte Winter, na, dann werden sie auch ohne mein Diktat gute Menschen.

Der Hausmeister schob ihn mit sanftem Druck um die Ecke, und da sah Winter die einladend offene Tür seines Klassenzimmers und ging erleichtert und entschlossen darauf zu.

In der Tat: Da saßen Jenny und Marcel, und als er die Tür hinter sich zuzog, schlugen sie ihre Hefte auf und schenkten ihm Hundeblicke.

Mit einem Mal fiel ihm der Titel des Textes ein, den er diktieren wollte. „Die Überschrift heißt *Gib's auf!*", kündigte er an. Vorhin beim Blättern war ihm der Titel flüchtig vor Augen gekommen. Doch wo versteckte sich nun der? Oder hatte er ihn im Neuntklässlerbuch gesehen?

„Gib's auf!", verkündete er noch einmal im Tonfall eines Schuldiktators.

Seine beiden Untertanen schrieben es hin und blickten allzu schnell wieder zu ihm auf. „Von *Hans Kafka*", diktierte er weiter.

„Wie schreibt man den?", wollte Jenny wissen.

„Mit K und einem F, mein Kind", säuselte Winter. Wo war bloß der verdammte Text?

Armin Winter besah die Uhr: Endlose fünfunddreißig Minuten bis zur großen Pause!

Schreibgierig lauerten seine Klienten auf weitere Worte.

Winter blickte in Jennys Heft und erschrak: Hatte er wirklich *Hans* Kafka diktiert? Dabei hieß der doch – liebe Güte, jetzt war ihm der richtige Vorname entfallen, ausgerechnet Kafkas, dessen gesammelte Werke er auf die verwünschte Insel mitnehmen würde. Das jedenfalls hatte er behauptet, und so konnte es jeder, der mehr über den alten Lehrwolf Winter wissen wollte, auf der Homepage der August-UHU-Realschule nachlesen.

War's Fritz? „Entschuldigt", bat er, „der Vorname des Verfassers ist nicht Hans, sondern Fritz – glaube ich."

„Sollen wir nun *Fritz* schreiben?", fragte Marcel und sah Winter direkt in die Augen.

„*Hans* jedenfalls könnt ihr streichen."

„Oder heißt er Jonas?", gründelte Jenny. „Jonas passt viel besser zu Kafka als Hans, finde ich."

„Wir könnten uns ja nach der Überschrift richten", lachte Marcel und legte seinen Füller hin.

„Still!", knurrte Winter. „Wir schreiben: *Ich brach auf, denn ich wollte zum Bahnhof.*"

Jenny und Marcel senkten die Köpfe, führten ihre Stifte übers Papier.

„Das geht anders", murmelte Marcel.

„Wie denn?", erkundigte sich Winter. „Komm, sag's mir."

„Der Autor heißt Franz Kafka und der erste Satz lautet: *Es war sehr früh am Morgen, die Straßen rein und leer, ich ging zum Bahnhof.* Da hätte ich gleich eine Frage: Wieso kommt nach leer kein Punkt?"

„Marcel, du kriegst eine Eins", sagte Winter, „ich weiß es nicht. Und Fritz Kafka können wir nicht fragen, der ist tot."

„*Franz*", insistierte Marcel.

„Was, hieß der wirklich Franz?" Winter konnte sich nicht entscheiden und geriet schon wieder ins Schwitzen.

„Was machen denn die andern so lang?", fragte Jenny.

Winter sah auf die Uhr und erschrak: Spinnte die oder war tatsächlich schon ein halbe Stunde vergangen?

Er lachte gequält: „Die sind vielleicht heim und melden, dass ich nichts weiß."

„Und am Schluss heißt es", prustete Marcel, „*,Gibs auf, gibs auf', sagte er und wandte sich mit einem großen Schwunge ab, so wie Leute, die mit ihrem Lachen allein sein wollen.*"

Kannte Marcel, mit seinen knappen Dreizehn, tatsächlich den Text?

„Nein", sagte Marcel, als könnte er Gedanken lesen, und schob seine Brille, die immer abrutschen wollte, entschieden hoch, „aber ich finde ihn im Buch."

„Gut, dann machen wir es so: Du diktierst Jenny und mir, und nachher darfst du die Diktate korrigieren."

Mit einem Male fühlte sich Armin Winter wie ein Wanderer, der nach mühsamem Aufstieg, kaum auf der Höhe zu Atem gekommen, sich nun dem Abstieg entgegenfreut.

„Weil Sie es sind", sagte Marcel ein wenig herablassend und stand auf. „Setzen Sie sich hierher und hören und schreiben Sie diesen wunderbar luziden und zugleich rätselhaften Text." Er nahm das Buch in Empfang und fand die gesuchte Seite auf Anhieb.

„Sie können ruhig mein Heft benutzen", kam Marcel Winters Frage zuvor. „Einen Stift haben Sie wenigstens dabei?"

Winter tastete die Brustinnentasche seiner Jacke ab: Welch Glück, er hatte. Allerdings einen Wegwerfkuli, der fürchterlich saute. „Darf ich ausnahmsweise mit dem?", fragte er und hielt seinen Schmierstift hoch.

„Gut", beschied Marcel, „damit's endlich losgeht. Sonst sitzen wir noch morgen."

Der erste Satz heißt also: „*Es war sehr früh – am Morgen – die Straßen rein und leer, – ich ging zum Bahnhof.*"

Der Hörmops in Winters linkem Ohr meldete fälligen Batteriewechsel an. Doch während es nach diesem Warnsignal sonst noch Minuten dauerte, bis das Gerät (und dann auch nur einseitig) ertaubte, war er sofort wie mit Oropax gestopft.

„Einen Moment", bat Winter, doch Diktator Marcel schien harthörig. Jenny war ganz Ohr, doch nur für Worte aus Marcels Mund. Eifrig schrieb sie, und Winter blieb nichts anderes übrig als abzukupfern.

Jennys Schrift war entsetzlich klein und der Abstand für das Lesefeld seiner Gleitsichtbrille alles andere als optimal. Nicht ein Wortbild erfasste er zweifelsfrei.

Wieder erlitt er eine Schwitzattacke. Doch Marcel diktierte gleichmütig fort. Winter hob die Hand.

„Es gibt überhaupt nichts zu fragen, Armin!"

Warum verstand er Marcel nun wieder? Hatten die Batterien sich erholt?

„Letzter Satz", kündigte der an, und tatsächlich erfasste Winter jedes Wort und schrieb: *In diesem Augenblick ging über die Brücke ein geradezu unendlicher Verkehr.*

Marcel fing an zu lachen und lachte sich ein. Nicht abzusehen, wann er wieder aufhören würde.

Prustend griff er nach Winters Heft und wiederholte den Satz.

So sollte *ich* mal meine Schüler auslachen, dachte Winter. Und: „Hören Sie doch endlich auf", rief er bitter, „ich hatte einen Hörausfall!"

„Erst kommt der Haar-, dann der Hörausfall", höhnte Marcel und malte eine Sechs unter Winters Produkt: „Bist du noch zu retten? Gib's auf, gib's endlich auf! Der letzte Satz und der einzige, den du notiert hast, ist die Schlusspassage von Kafkas Erzählung *Das Urteil*. Und nicht einmal das hast du gemerkt, du alter Experte!"

Winter stöhnte auf. Leise dämmerte es ihm, dass er Bett unterm Rücken hatte. Sein Brustfell war ein Feuchtbiotop, das Kopfkissen unter seinem Nacken ein heißer, humider Schwamm. Er öffnete die Augen und versuchte zu erspähen, in welcher Nachtphase er diesmal aus seiner Mansardenwohnung im Goetheweg in die Schule geraten war.

Ein dunkelblauer nesselgefütterter Vorhang aus Seide dichtete die Balkontür fast völlig ab. Nur links und rechts blieben trotz aller Sorgfalt, mit der er jeden Lichteinfall vor dem Schlafengehen auszuschließen versuchte, Restspalten – nachts von Autoscheinwerfern erleuchtet und morgens erblassend.

Wenn er, wie soeben, aus der Schule gezerrt wurde, in die er geträumt war, fühlte er sich wie erlöst: In so beängstigende Zustände würde er auch heute nicht geraten, an seinem achten Tag vor Torschluss. Und dann wäre er schulflüchtig. Zumindest für ein Jahr.

Es mochte gegen fünf Uhr sein. Winter rechnete nach, wie lang er in diesem Fall geschlafen hätte. Am Abend war in arte ein schöner Film gekommen, und die Bilderflut hatte ihn hingerissen zu einer unablässigen Folge von Schlückchen. Fast jeden Abend hielt er sich an den Geheimtipp in *„Die besten Supermarktweine", an diesen leichten, sanften Roten, saftig und fruchtig, gut solo zu trinken. Solo* nahm er wörtlich und andererseits auch wieder nicht, denn als Beigabe führte er seinem Magen massenweise Salzstängel oder japanisches Reisgebäck zu. Und am Ende war die Flasche leer. Nein, zu einem Filmriss war es beileibe nicht gekommen, doch passte es zum eben durchschwitzten Schultraum, dass er keinen Schimmer mehr hatte von dem wirklich wunderschönen Film.

Ach, dieser Harndrang!

Etwas gelenklahm und mühselig arbeitete sich Winter aus der Schlaflage empor und bewegte sich, um Gleichgewicht kämpfend, mit einer dem brennenden Bedürfnis angemessenen Beschleunigung Richtung Klo.

Harn zu lassen dauerte seit kürzerem länger und bot Zeit für den Ein- und Niederschlag von meist nutzlosen Wort-Wendungen. Die kritzelte er im Büchsenlicht, das durchs blinde Glas der Klotür drang, auf den obersten Zettel eines verklammerten Papierstapels, der zu diesem Zweck am Erste-Hilfe-Schränkchen hing. Auch ein Bleistift lag meist parat, wenn er nicht hinter den Klobürstenspind gestürzt war. Waren die leiblichen und geistigen Abflüsse vollbracht, verschwand das Sudelblatt als letzte Seite im Block. Nichts wäre Winter weniger lieb gewesen als die kritische Würdigung seiner Absonderungen durch notdürftige Gäste. Es hatte den Fall schon gegeben: mit einer Zeichnung seiner Enkelin, signiert sogar. Dabei war Julia erst fünf und fasste schwerlich, was da in Herrgottsfrühe oder am Ende einer Spätschicht seinem Hirn entflossen war. Hatte er selbst doch Mühe, sich in verwehte Gefühlslagen zurückzuversetzen, wenn ihm eins seiner Textlein Wochen später erneut zu Gesicht kam, etwa: *Herr Sperling, lassen Sie sich nicht von einem Hungerpastor in die Gasse treiben!*

„Hm."

Er wandte sich Näherliegendem zu: seinem Stundenplan. Für die erste Stunde hatte er Quellenmaterial zum Widerstand im Dritten Reich sorgfältig vorbereitet, samt einem Szenenausschnitt aus dem Film *Sophie Scholl. Die letzten Tage*, als Einstieg. Seine Neuntklässler mussten, wenn sie nicht völlig blind waren, erkennen, dass es tapfere Menschen gegeben hatte, die nicht nur NEIN gesagt, sondern auch entschieden gehandelt hatten. Wunderbar!

Doch dann? Verflucht nochmal, sollten die Siebtklässler, die er in der zweiten, einer Deutschstunde, hatte, nicht die letzten dreißig Seiten lesen? Und er hatte diese Hausaufgabe, die natürlich auch für ihn galt, total vergessen. Zwar gab es Tricks, sich aus der Affäre zu ziehen: Man bat eine besonders pflichtbewusste Schülerin, das Gelesene wiederzugeben. Jenny machte das, sie hatte schon jetzt – nicht nur traumhaft, sondern wirklich – die Qualifikationen einer Chefsekretärin: allzeit bereit und nie im Gebüsch. Und alle, die den Text gelesen hatten, passten auf wie die Schießhunde und geiferten bei jedem Bock.

Auch dem pflichtvergessenen Lehrer half das auf die Sprünge, denn natürlich war's kein neues Buch, sondern die sattsam, doch zum letzten Mal vor drei Jahren kredenzte *Insel der blauen Delphine*. Um so nötiger, sie sich abermals vorzunehmen. Denn mit den Jahren vergaß er binnen kürzester Zeit alles Gelesene. Las er den Text unmittelbar vor der Deutschstunde, kam er obendrein auf Zusammenhänge und Feinheiten, die den Schmalhänschen und Kicherlieschen mit ihren verschwindend geringen Leseerfahrungen verborgen blieben, auch seiner Superjenny.

Im Übrigen – was, wenn sie fehlte? Fünf, sechs andere stockerten unfreiwillig durch den Textverhau, und er erzeugte Noten-Thrill. Dann erwuchs aus der Summe stressbedingter Fehlgriffe ein sehr nebulöses Panorama, und weder seine Schüler noch er konnten sich vom Handlungsverlauf ein Fresko machen.

Anders verhielt es sich mit *der alten Dame*, die jedes Jahr zu Besuch kam! Die war ihm total geläufig. Und doch war es besser, den zweiten Akt, den seine Neuntklässler zu lesen hatten, noch einmal zu überfliegen.

Zwar lag zwischen O'Dell und Dürrenmatt nicht nur eine Welt, sondern auch eine Ethikstunde, die sich seit der Abschlussprüfung vor vier Wochen in eine zweite Hohlstunde verwandelt hatte. Auch heute? Schon des Öfteren hatte er sich vertan. Wer konnte wissen, ob nicht just ein Kollege kränkelte, eine Kollegin sich fortbildete? Vertretungsplanschmied KonRat Kirchner war womöglich seit gestern Abend selbst Opfer der grassierenden Magen-Darm-Seuche und heut' früh im Bett geblieben. Und Chef Ruprecht, der notorische Nichtleser, sah den Hohlstunden-Ethiker Winter lesend (also nichtstuend!) im Lehrerzimmer herumsitzen und scheuchte ihn in eine Klasse!

Nein, das durfte nicht passieren. Am besten verkrümelte er sich nach der zweiten Stunde in den Computerraum und schloss hinter sich ab.

Er erinnerte sich an die letzten Ethikstunden: Da hatte noch Rom für Gesprächsstoff gesorgt. Kaum war Winter nach dem Juden- aufs Christentümliche gekommen, hatte Johannes Paul II. das Zeitliche gesegnet. Und dann war die Kurie, bevor das Interesse der Schüler erlahmte, auf diesen beinharten Zuchtmeister verfallen, den *Panzerkardinal*, von dem als Boff- und Küng- und Drewermann-Fresser durchaus schon die Rede gewesen war. Zufällig hatte Winter eine Videokassette zur Hand gehabt mit der Verkündung der Papst-Kür und einem Ratzinger-Porträt von zwanzig Minuten. Und es hatte nicht mal der Videoabspieler gestreikt und statt weißen Rauchs weißes Rauschen geliefert.

Anfangs war er in seiner Pose als Kirchenkritiker bei den Schülern nicht schlecht angekommen, doch dann hatte Jehovas Zeuge, Michael Feyerling, ihn mit sanft gesäuselten, knallharten Bibelsprüchen aufs Kreuz zu legen versucht, sehr zum Spaß der übrigen Ethikfreunde, die gern zusahen, wie ihr Armin zum Hermännle wurde.

Aber das waren die Blüten von gestern, und seine Ethikfreunde jobbten oder sie robbten im Freibad rum.

Doch wie ging's nach Nicht-Ethik weiter? Sonnenklar: *Die alte Dame* stand massiv ins Haus (Hinrichtungsszene!). Gefolgt von einer weiteren, stundenplanmäßigen Hohlstunde. Aber dann, in der sechsten Stunde, o weh – ITG!

Chef Ruprecht würde ja wieder nicht hitzefrei geben, fiel doch schon der Nachmittagsunterricht wegen der Versetzungskonferenz aus. Und gerade für die 7 c hätte er sich dringend was Neues überlegen sollen, es aber nicht getan. Wenn er nur an diese Klasse dachte, war er total blockiert. Wie oft war er bei denen mit tollen Ideen und brandneuen Entwürfen buchstäblich versumpft!

Und so würde er wie alle Jahre wieder auf die bestbewährte *Mondnacht* von Eichendorff zurückkommen, verarbeitet zu einer Power-Point-Präsentation einschließlich der Schumann-Vertonung – illegal aus dem Internet heruntergeladen zum Mitsingen als minus-one-Version im MP3-Format.

Beruhige dich, beruhige dich doch, redete er sich gut zu, du hast viel Zeit, fast so viel Zeit wie einst Lars Reichow vor seiner Phantomklasse. Sich nun aber erneut hinzulegen, so alarmiert, in der Hoffnung auf ein alptraumloses Nachschläfchen? Aussichtslos!

Zuallererst den Kopf untern Duschkopf. Dann west in ihm ein frischer Geist, fiel ihm ein, und so erhob er sich vom Designer-Sitz (dem mit den eingegossenen Meeresfrüchten, die ohnehin nur genießen konnte, wer gerade nicht saß und z. B. verdaute Krakenarme von sich gab), umrüstete seinen ältlichen kleinen Freund mit einer Tülle Klopapier als Tropfenfänger und schritt zur ersten Tat.

Wie spät war's eigentlich? Er machte einen Schlenker in die Küche, wo die Uhren des Mikrowellenherds und des Backofens um die grünste Zeitangabe konkurrierten und seine Vermutung fast einleuchtend bestätigten: Nach Anschein der hellgrünen war's fünf Uhr sieben, nach Ermessen der dunkelgrünen schon fünf Uhr neun. Erst um halb sechs hätte sein Wecker gezirpt.

Also das Anti-Panik-Programm einschalten: Wie machen wir das alles? *Eins nach dem andern – wie in der Stadt Paris.*

Wieder im Bad, murmelte er „es werde Licht", drückte auf den Schalter und blinzelte seinem Profil-Abbild im neoromanischen Spiegel überm Waschbecken zu.

Himmel, war sein Vorbau über Nacht gewachsen! Oder waren das pure Aufblasgase, erzeugt vom Laugensalz der Brezeln, den leckeren Salzstängeln *und* dem Vulkangewürz japanischer Reiscräcker? Nichts da! Er wurde einfach von Tag zu Tag gewichtiger. Zwar war die Bauchmuskulatur immer noch schön straff und dichtete, zog er die Decke ein und sah nur flüchtig hin, dem Spiegelbild die Façon längst verrauschter Zeiten der Dünnleibigkeit an. Wenn er sich (bzw. seinen Bauch) aber gehen ließ, sah er sich in seinem sechsten Lebensjahrzehnt, das er bald vollenden würde, wie jemanden kurz vor der Niederkunft. Fragte sich nur, wessen.

Winter riss sich los vom hassliebigen Ganzkörper-Bild und betrachtete seine untere Gesichtshälfte und die Halspartien bis zum Kehlkopf im Rasierspiegel. Seit jeher hatte er die Anarchie am Hals. Wie er es auch anstellte, die Bartstümpfe, die seinen Kehlkopf umstoppelten, entzogen sich hartnäckig dem Scheerblatt des Rasierers. Ganz zu schweigen von vorwitzigen Bewohnern seiner Nase und den Haarbüscheln, die ihm aus den Ohren krochen. Nein, mit diesen Auswucherungen beschäftigte er sich ein andermal. Jetzt stieg er in die Dusche.

Doch fast wäre er wieder ausgestiegen beim Gedanken an das Putzen danach, eine Prozedur von leicht zwanghaftem Charakter. Einfach nach dem Duscherlebnis die Vergnügungsstätte mit dem Spruch *nach mir die Sint(oder Sünd)flut* zu verlassen, galt ihm (seit wann? beeinflusst durch wen?) als Untat gegen Ökonomie und Ökologie. Kurz gesagt, um ein mittelschweres Vergehen gegen eine umweltaktive Grundhaltung, die immer auf neuglückende Verbindungen zwischen Tun und (dabei) Vermeiden zu achten hatte (also: Duschen nur alle zwei Tage, und wenn: *nicht zu doll*). Da Winter aber zu harschen Lösungen neigte, duschte er, seit keine Frau sich mehr um ihn kümmerte, nur noch ein Mal in der Woche. Und roch täglich etwas strenger.

Heute war Duschen bitter nötig, denn mit den Absonderungen des Alptraums auf der Haut traute er sich nicht in die Schule. Wahrscheinlich kroch seine Angst den Schülern schon von weitem in die Nasen, und dann war eine Niederlage vorgezeichnet.

Er liebte den heißen, überfallartigen Wasserschwall. Unter einem solchen zu sterben, stellte er sich vor, käme Auf- und Erlösung gleich. Aber mit dem Duschkopf, den ihm ein Kaffeeröster *(jede Woche ne neue Welle)* zum Spottpreis untergejubelt hatte, kam nur klar, wer nicht weniger als sein Leben dem Brausen weihte. Zwölf Einstellungen standen zu Gebot, doch Winter war unter der Dusche kein Gourmet, sondern ein Gourmand, und diese blödsinnige Dusche lieferte lasches Surrogat, ganz egal, wie man ihr den Kopf verdrehte. Bestimmt war ihr Konstrukteur vom Wasserspargedanken beseelt und wollte, dass Otto Normalduscher jeden Morgen in die Wanne stieg (womöglich *singing in the rain* pfeifend, *so what*), um sich aus rein hygienischen Gründen ein bisschen beträpfeln zu lassen.

Wasserschwälle waren nun aber mindestens für zwei Jahre gestorben (ja, auch die Möglichkeit eines rauschenden Todes), denn Winter wäre es nie in den Sinn gekommen, die Nieseldusche auszusondern und (fast neu, wie sie war!) der Zwischenlagerung im Speicher preiszugeben oder gar der Entsorgung in die Graue Tonne.

Heilig-nüchtern (mein lieber Schwan) also geduscht, (oder *zweckmäßig* – ein Lieblingswort seines Vaters), *zwecks* Reinigung (wie sein Kollege Spätzle es ausgedrückt hätte) mit einem eiskalten Ende, zwecks Inschwungkommen.

Armin Winter frottierte seinen ausladenden Leib, beugte sich sodann und tupfte an Hoden und Pimmel herum, als wären da offene Wunden, trocknete auch die Oberschenkel und legte schließlich das Badetuch zur Seite.

Denn nun verlangten Wandfliesen und Armaturen nach Trocknung, damit weder Schimmel noch Kalk sich festsetzen konnten. Gummirakel und Mikrofasertuch lagen natürlich bereit: alles Erfahrungssache und kluge Voraussicht! Was hatte man sich in den bewegten Jahren nach achtundsechzig drum geschert, wie Wanne und Fliesenwand nach dem Duschvergnügen aussahen! Kein Nachduscher störte sich.

Auch Ingrid Stippe nicht, die Buchhändlerin, die ihn mitsamt dem fünfjährigen Benni verlassen hatte, als Winter in diese und jene Fremddusche sprang.

Jetzt war Benjamin schon dreißig und führte ihm gelegentlich seine (mutmaßliche) Tochter Julia zu, die ihren Opa (der er mit ziemlicher Sicherheit war) liebte wie er sie.

Nein, nicht dass es sie nicht gegeben hätte danach – mehr oder weniger beständige Vor-, Mit- oder Nachduscherinnen, doch eine nach der anderen hatte sich von Winter eingeengt gefühlt – und wieder verabschiedet. Eine, deren Namen total zu verdrängen ihm noch immer nicht gelang (Monika Himmelein), hatte ihn zum Abschied sogar mit Alfred Tetzlaff verglichen. Dabei war sie selber so eine.

In einer Phase des Selbstzweifels, mit etwa fünfundvierzig, war ihm dann urplötzlich der Verdacht gekommen, ob er vielleicht schwul sei? Immerhin hatte einem die Sex-Revolte in Wort und Bild diese und jene Überlegung nahelegt, und manchmal drängte sich sowas geradezu auf: Da war ihm für anderthalb Jahre ein Referendar namens Jürgen Homann anvertraut worden. Doch erst in der Prüfungslehrprobe über die Pest und ihre Folgen für das Leben in der mittelalterlichen Stadt, die Homann in einer siebten Klasse hielt, hatte er Winter, wie er so vor der Klasse posierte, Stand- und Spielbein zierlich wechselnd, an Bjørn Andresen, Viscontis Tadzio, erinnert, und er war in einem Anflug von Leidenschaft fast blind geworden. Sein blödsinniges Gestammel in der Notenbesprechung und vollends sein Vorschlag, dem jungen Mann eine

Einskommanull (womöglich noch mit einem Plus versehen!) zu geben, hatte bei Schulrat und Chef mehr als klammheimliches Kopfschütteln ausgelöst und die stille Abrede, Winter künftig nicht mehr als Mentor einzusetzen. Kurz danach war Jürgen T. Homann mit seiner Freundin Britta Schulz nach Kreta in die Pfingstferien geflogen wie Winter mit seiner Steuerberaterin Undine Stolzenfels nach Lanzarote. Nach der Rückkehr kam Winter in der Einschätzung seiner Regungen im Ergebnis auf *allerhöchstens Bi.*

Sich so aschenbachsche Neigungen zusammenzukomponieren, hätte sein Leben eher erschwert. Nicht zuletzt in steuertechnischer Hinsicht.

Zwar kam ihm auch Undine abhanden und seither lebte Armin Winter als Solist, doch machte sie ihm weiter seine Steuererklärung in aller Freundschaft zum *Sondertarif.*

Ein schillernder Begriff, wie Winter acht Jahre später feststellte. Nach ernsten Differenzen über das Sofa in seinem Arbeitszimmer, das sie gemeinsam benutzt hatten und das Undine mit einem Mal vor dem Gesetz nicht mehr vertreten konnte, entzog er ihr sein Vertrauen und wechselte zu ihrem Ex. Der machte es ihm um ein Drittel billiger und stand voll hinter seinem Sofa.

Endlich war die Putzprozedur zur Zufriedenheit des Vor- wie des Nachduschers beendet. Er stieg mit nassen Füßen aus der Wanne, trocknete nun auch sie und tapste zurück in sein Schlafzimmer: Seit Winters bösem Erwachen war schon gut eine halbe Stunde vergangen.

# 2

Nun brauchte er seinen Kaffee. Er schlich ins Arbeitszimmer, ergriff und trug den Schulkoffer wie ein Dieb in die Küche.

In überflüssiger Rücksicht auf Otto und Liesel Herbst, seine Wirtsleute, die, beide verrentet, ihre neue Frei-Zeit keineswegs zum Schlafen nutzten. Sie rumpelten längst herum, in Vorfreude auf ihre *Shop*-Pirsch. Das waren vielleicht Schnäppchen-Jägermeister, die zwei! *Im Parterre ist noch Herbst, im Obergeschoss schon Winter, und das mitten im Sommer,* fiel ihm ein, doch fand er den Satz nicht notizwürdig, weil er einfach nicht stimmte.

Er setzte Wasser auf und schaufelte ein Maß Kaffeemehl ins Schwedenkännchen. Da fiel's ihm wieder ein: Für die 7 c waren die Deutschnoten noch nicht eingetragen! Vergeblich hatte er gestern die Karteikarten vor Erreichen der Dead-Line um 12 Uhr mittags gesucht.

Während sich der Wassertopf gemächlich echauffierte, nahm Winter eine Milchpackung aus der Kühlschranktür und eine große Tasse aus dem Oberschrank, öffnete den Schulkoffer – und erbleichte: Wo, zum Teufel, steckten Dürrenmatt und O'Dell! Hatte er beide Lektüren etwa im Schulfach vergessen? Hastig räumte er den Koffer leer: In der Tat, sie fehlten.

Das Wasser kochte. Er übergoss das Kaffeemehl.

Ganz ruhig, sprach er sich zu, meist gibt es Möglichkeiten, wenn auch selten die besten. Jetzt wird erstmal Kaffee getrunken, und dann löst sich, dank Internet, alles fast wie von selbst: Nein, seine Art war es keineswegs, von seinen Schülern dreißig Seiten Lesearbeit zu verlangen und sich selbst mit sekundärem Fastfood zu päppeln.

Und wenn er sich sofort auf den Schulweg machte? Dann wäre er vor verschlossener Tür gestanden. Vor fünfundzwanzig Jahren hatte jemand den Schulschlüssel verloren und, wie es hinter vorgehaltener Hand hieß, sollte vermieden werden, dass dieser arme KonRat (längst fröhlich pensioniert) eine neue Schließanlage hätte bezahlen müssen, denn natürlich war er nicht versichert wie alle GEW-Mitglieder. Damals hatte der pragmatische Hausmeister einen starken Eisenriegel angeschweißt und mit einem mächtigen Vorhängeschloss versehen: *Nur der Willi und ich haben Schlüssel.*

Erst nach Wochen, als er seinen Schulleiter, den *rotzfrommen* (so eine Kollegin mit Sport und Physik damals wörtlich) Willi Klamheim, besser kannte, ahnte Winter, dass Verlust und Notmaßnahme gezielt inszeniert worden waren. Klamheim wollte das damals doch recht leichtfüßige Lehrervölkchen daran hindern, in späten Nachmittagsstunden oder abends hemmungslos zu kopieren oder den Diensttelefonhörer als Ehebrechstange zu missbrauchen.

Nun war endlich der (auch schon überreife) PC hochgefahren und die Online-Verbindung hergestellt. Aha: Ein gewisser Josef Schrader aus Ottobeuren hatte sich mit *der alten Dame* beschäftigt, einem, wie er es nannte, *Uralt-Schulstoff,* und bot auf seiner Website Personencharakteristiken, Inhaltsangaben der Akte im Einzelnen sowie eine Gesamtinterpretation, alles *für faule Leser* – oder Ausfallspinsel wie Armin Winter, was wollte er mehr!

Welch ein Teufelskerl, dieser Sepp!

In ähnlicher Weise hatte er sich auf Schillers *Tell*, Goethes *Tasso*, Brechts *Galilei* eingelassen und – klar – die gesamte *Schul-Frisch-Ware* mit *Biedermann, Andorra* und *Homo Faber (ein geiler Roman über einen Vater, der unwillkürlich seine Tochter fickt,* las Winter).

Und was war Sepp nun an *der alten Dame* aufgefallen? Ah so, es handelte sich um eine *krasse Komödie*, und Ill war *so'n Warmduscher, der schon längst keinen mehr hochkriegt, und den deswegen sogar seine Frau und seine Kinder hängen lassen.*

Na, ist doch endlich was Handfestes, nicht dieser süße Senf, mit dem wir täglich unsere Schüler bestreichen, murmelte Winter und wollte nun endlich seinen Kaffee trinken.

Warum flockte die Milch? Winter nahm einen Schluck aus der Flasche. Nein, die hatte keinen Stich. – Aber er! Eigenhändig hatte er gestern Abend verdünnte Essigessenz in den Wassertopf gefüllt. Und? Wo war der Zettel, auf dem stand *wird entkalkt*? Den sollte er sich allmählich an die Stirn kleben.

Alles von vorn. Bis das Wasser kochte, war er dank DSL auf der *Insel der blauen Delphine* – oder wenigstens bei *Amazon* und dem Klappentext und einem Hinweis auf lieferbare Ausgaben des *Robinson Crusoe*.

Kaum zu glauben: Gleich hinter Amazon drängelte sich schon wieder Sepp Schrader aus Ottobeuren. *Eine saugute Indianergeschichte* – und die Insel habe ihren Namen deshalb bekommen, weil sie aus der Luft aussah wie ein Delphin (meine Güte, welche Erkenntnis). Und die Mädchen in der sechsten Klasse damals hätten geheult, als *der gute Rontu*, Karanas Hund und einziger Freund, starb.

Winter dachte an Katrin und Konsorten. Wer von denen hatte geheult, als sie – ihre Hausaufgaben erledigend – an diese Stelle gekommen waren? Gut, wenn er, Winter, die betreffende Passage unter vollem Einsatz seiner *tollen Stimme* (wie diese oder jene Kollegin in fünfunddreißig Jahren gefunden hatte) ihnen vortrug? Dann konnte er besprechen, wie sich die arme Robin-Daughter Karana zu allem möglichen Gekreuch verhielt. Und anschließend entfleuchte er ins allgemein Philosophische. Da war komischerweise sogar die ADHS-Fraktion, wenn er Glück hatte, eine Zeit lang Ohr. Nein, es gab sie tatsächlich in dieser Altersgruppe, die kleinen Zappel-Philosophen, die beherzt auf dies und das losgingen und sich im Deutschunterricht Kraut und Rüben zusammenreimten, was sie weder in Mathe- noch in Englisch-Stunden durften.

Bleib auf dem Teppich, Armin! rief er sich zur Ordnung, und braute erneut Kaffee. In Wirklichkeit wurde spätestens nach zwei Minuten dem Gespräch der Boden entzogen, denn Platon nahm Sokrates das Mäppchen weg und reichte es nach hinten. In der letzten Reihe verschwand es spurlos. Nun protestierte Sokrates lautstark, und Winter sah sich zum Ermittlungsrichter ernannt. Glücklicherweise wusste er, welchen Weg das Mäppchen genommen und dass Epikur es in seine offene Schultasche hatte gleiten lassen. Nicht, um es zu klauen, ach wo, sondern nur, damit Winter in die Luft ging und einen Unschuldigen rausschmiss, was dann sogar die breit vertretene Stoa auf den Plan rief. Auch wenn er sich nicht provozieren ließ und den angeblichen Diebstahl ignorierte, war nichts gewonnen, denn nun wurde das Mäppchen, das Epikur, wie er behauptete, von einem der Hedonisten in die Tasche gesteckt worden war, die in der letzten langen Reihe herumlümmelten, mit vielen lachhaften Bemerkungen zurückerstattet. Das feinsinnige Gespräch jedenfalls war im Eimer – und der tote Rontu längst begraben.

Er goss Kaffee in einen leicht ramponierten Pott mit der Aufschrift *Leerplan-gerecht*. Ach, wo waren sie, die Zeiten, als – in der Schulpraxis gescheiterte – Achtundsechziger sogar in die Redaktionsbüros der Schulbuchverlage geschlüpft waren und über die deutsche Bildungsmisere spötteln durften! Seit freilich die Bertelsmänner mit Pisa alle Schulpflichtlinge piesackten, war Schluss mit lustig.

Wie übersichtlich gestalteten sich die Vorbereitungen zu einem Frühstück. Man setzte wieder Wasser auf, tastete das Knack-Radio an, einen Saba *Bodensee*, und deckte dann den Tisch.

Schon sechs! Und noch immer trat er auf der Stelle.

Ach, die Nachrichten. Etwa: Stieglers Äußerung, der Passus im Wahlprogramm der CDU/CSU *Sozial ist, was Arbeit schafft* erinnere ihn, Stiegler, stark an den zynischen Spruch *Arbeit macht frei* aus der Nazizeit, löste überall heftige Empörung aus. Daraufhin habe sich der SPD-Fraktions-Vize reumütig gegeben und von einer *Fehlschaltung im Gedankenblitz* gesprochen.

Tröstlich: Auch andere blitzten sauber daneben – sogar wenn sie einen (gezielten?) Fauxpas zu klären versuchten. Andererseits: War dieser Herr Stiegler nicht schon des Öfteren durch heftige Gedankenquerschläger aufgefallen, über die sogar Parteikollegen sich allmählich wunderten?

Und nun das Wetter: „Hoch Zoe hat sich zum Atlantik zurückgezogen. Ein Keil reicht aber bis ins östliche Mitteleuropa und bestimmt an den nächsten beiden Tagen unser Wetter: viel Sonne, hochsommerlich – bis 31 Grad."

Herrschaft, war das wieder ein Sommer! Und die Modefritzen hatten (schon im Spätjahr zuvor) alles auf diese Wetter-Karte gesetzt. Oder wie war es sonst zu erklären, dass die Hälfte aller schulpflichtigen Frühweibchen schon seit dem eher frostigen Frühlingserwachen Bauch und Busen ausstellten, als hätten sie nichts zu verbergen – Speck, lass nach.

Das Müsliglas war leer. Nein, aber auch! Hatte Winter wieder zu wenig an die Zukunft gedacht. Und der Jogurt stand im Kühlschrank: Komm her, mein Gläschen, und ab mit dir in den Mikrowellenherd – Auftaustufe!

*Eins nach dem andern*: Wer behauptete, das optimale Saison-Müsli zu mischen – unter Berücksichtigung der Erntezeiten verschiedener Früchte, welche die Mixtur aus verschiedenen Flocken unter(vita)minierten – sei einfach und nebenbei zu erledigen, täuschte sich. Irre vieles war zu bedenken. Unter anderem durfte das Frühstück den Winter-Organismus keinesfalls aufregen, sodass er später vor der Klasse nicht nur mit Geistes-, sondern auch noch mit Leibesblähungen zu kämpfen hatte oder umstürzlerischen Luftverlagerungen im Leererdarm (haha!), sodass selbst Brävlinge in der ersten Reihe schon das Fürchten oder Lachen (oder fürchterliches Lachen?) überkam, wenn der stattliche Winterbauch sie grund- und heillos anknurrte. Crunch- und Pop-Zeug war immerhin noch da. Auch Früchte: allerletzte Erdbeeren, vorletzte Johannisbeeren (rote und schwarze), hybride Himbeeren – alles zu stolzen Eurogleich-D-Mark-Preisen auf dem Markt erworben.

„Früher ging die rote Johannisbeere leichter vom Stiel", hatte Winter Frau Vögele, der Marktfrau, geklagt, „und die schwarze war größer, auch würziger; na, und von den Heidelbeeren meiner Kindheit kann ich nur noch träumen, wenn ich diese hochwässrigen, sauren Früchte verspeise. Nein, danke, auf die verzichte ich." Jedes Himbeer-Früchtchen war außerdem unter die Lupe zu nehmen. War erst Schimmel eingefallen, schmeckte alles nach Schimmel, und die gesundheitlichen Folgen mussten nicht, aber sie konnten verheerend sein, wie er vor seinem Marktgang aus der Wochenendbeilage seiner Zeitung mit Schaudern zur Kenntnis genommen hatte.

Der Mikrowellensittich piepste, das Warm-up des Jogurt sei nun zu beenden, und gleichzeitig kochte das Wasser. Winter riss dem Mikrowellenherd kurz die Klappe auf, dann schwieg der.

Warum war Winter zeit seines Lebens, trotz der Handvoll Teefreundinnen, die zeitweise Tisch und Bett mit ihm geteilt hatten, Kaffeetrinker geblieben? Weil es, erklärte er es sich, wenigstens in Deutschland, einen handfesten Konsens gab, wie eine *Krönung* zu schmecken habe, und die italienischen oder gar österreichischen Kaffeekünsteleien immer noch nicht viel wert waren am deutschen Herd. Tee zu kochen dagegen war eine Kunst.

Der gestern Abend beim Discounter erraffte Non-Transfair-Kaffee schmeckte übrigens ausgezeichnet. Die Hamburger Ausbeuter verstanden ihr Handwerk einfach besser.

Gelegentlich hatte Weltladenkunde Winter schon erwogen, den armen Landarbeitern in Nicaragua einsfünfzig pro Kilo direkt zu überweisen und sich so vom Genuss ihres Produktes freizukaufen. Andererseits erinnerte ihn so jede Tasse an seine gute Tat, gerade weil dies Gebräu, das er aus Überzeugung seit Jahren schluckte, so sauer schmeckte.

Auch der selbstgemachte Jogurt war sauer.

Hatte Winter ihn zu spät aus dem Brutkasten genommen?

Pünktlich erinnerte ihn sein Handy mit einem kräftigen Deskphone-Signal an den Reifefall. Und unverzüglich war er vom PC, wo er die Deutschnoten der 7 c noch einmal nachgerechnet hatte, in die Küche geeilt und hatte die Jogurt-Gläschen in den Eisschrank gesteckt.

War es vielleicht gerade der allzu große Schock, auf den die Bakterien sauer reagierten? Oder konnten auch sie müde, vielleicht sogar lebensmüde werden? Wann hatte er für seine Eigenproduktion den letzten frischen Jogurt gekauft? Einst im Mai – also vor Wochen!

Oder war die Milch schuld, die ebenfalls kurz vor Ladenschluss beim Discounter erraffte? Immerhin trug sie ein stolzes BIO-Siegel. Doch waren diese Siegel vielleicht von unterschiedlicher Qualität?

Nein, es war und blieb ein Rätsel, und Winter nahm sich vor, seine Kollegin, die Fachfrau Veronika Hug, zu befragen.

Und am Samstag kaufte er auf dem Markt einen frischen Jogurt.

Kaum hatten sich die (kryptischen) Frühstücksbestandteile in Winters Magen versammelt, fühlte er schon in seinem Darm ein heftiges Rühren. Auf die Mechanik seiner Verdauungsorgane war Verlass. In fünfunddreißig Dienstjahren hatte Winter nur an einem Tag die Abfall- und Ballaststoffe des Vortags mit in die Schule geschleppt: Als ihn ein Schulrat besuchte um festzustellen, ob er lebenslänglich bekommen sollte. Ach, und da war ja, belastet, wie er es angehen musste, fast alles schief gelaufen. In Gemeinschaftskunde hatte er Neuntklässlern Jugendvereine schmackhaft machen wollen – er, der alles andere als ein Vereinsmeier war. Damals wie heute liebäugelte er vielmehr mit einem gesunden Individualismus, ja, Anarchismus, und das drang ihm (bildete er sich ein) aus allen scheinheiligen Wendungen und Windungen.

Außer zwei oder drei Pflichtschuldigen rührte sich kein Aas in jener denkwürdigen Stunde. Und anschließend hatte er Achtklässlern Ilse Aichingers *Fenstertheater* vorgesetzt und alle Hände voll zu tun gehabt, Klischees über *das Alter* und *die Alten* zu entkräften.

Der Schulrat stand selbst fast auf der Pensionsschneide und sollte fünf Jahre später geisterfahrend seinen Ruhestand jäh beenden. Er riss dabei seine Frau und einen (wahrscheinlich unbeamteten) jungen Mann mit in den Tod, was ihm im baden-württembergischen Teil des Himmels vermutlich ein Disziplinarverfahren einbrachte.

Auch das *Fenstertheater* war dem Schulrat verschlossen geblieben, doch hatte er dem jungen Winter *gute Lehrfähigkeit, eine deutliche Unterrichtssprache, dabei eine etwas zu ruhige Ausstrahlung* attestiert und gefunden, dass er geeignet sei, sein restliches Leben als Schulpflichtling zu verbringen.

Danach hatte Winter wieder vor seinem Schul- stets Stuhlgang gehabt.

Wenn er jetzt nicht bald die Kurve kratzte, kam er noch zu spät! Telefon! Sollte er den Anruf ignorieren? Das war bestimmt Benjamin. War was passiert?

„Ja? – Du, ich bin gerade – kann ich dich später? Ist was? Nein? – Doch? Was, die haben dich nicht genommen? – Ja, wieso denn? – Hör zu, ich muss. – Können wir uns nicht in Ruhe heut' Abend? Ja, ach Mensch, das tut mir so leid. Grüß Angelika und die Kleine. Tschüß, bis heut' Abend."

So ein Mist: Das war schon das dritte Mal, dass Benjamin nach der Probezeit gehen musste. Und es lag, davon war jedenfalls Winter überzeugt, daran, dass Beobachter meinten, Benjamin schliefe bei allem, was er tat, gleich ein.

Im Treppenhaus traf er seine Wirtsleute, die aussahen wie frisch gestopfte Weißwürste. Sie hatten sich, frisch aus dem Bett, wie jeden Tag, seit Zoe regierte, in Shorts und viel zu enge Champion-T-Shirts geworfen, trugen Baseball-Mützen im Partnerlook und schauten sehr unternehmungslustig in die Welt.

„Ist das ein Sommer!", bemerkte Herbst.

„Das kann man wohl sagen", bestätigte Winter. „Und wie finden Sie ihn, Frau Herbst?"

„Es könnte mal regnen, auch ruhig ein richtiges Gewitter geben!"

„Dabei hat sie Angst vor Blitz und Donner", lästerte Herbst.

„Trotzdem", beharrte sie und guckte fast übermutig unter dem Schild ihrer Mütze hervor. Liesel Herbst war sehr klein.

„Haben Sie denn noch immer keine Ferien?", fragte Herbst, „das muss ja unerträglich heiß sein in der Schule."

„Ist es", seufzte Winter. „Hauptsache, unsere Politiker haben ihre Sommerpause."

„Die armen Kinder, es ist ein Schkandal!", trug Frau Herbst bei. „Am Donnerstag, haben Sie es gesehen, muss der Kaminfeger bei Ihnen in die Wohnung!"

„Ich weiß", bestätigte Winter.

„Und am Freitag ist Sperrmüll", ergänzte Herbst. „Ich hab' uns angemeldet. Man erstickt ja in all dem Zeug, was sich so ansammelt. Also, wenn Sie was hätten – raus damit!"

Eine Gelegenheit, sein Uraltradio gegen ein tolles neues einzutauschen? Wäre nicht verkehrt. Auch als Selbstbelohnung. Na, mal sehen.

„Überstehen Sie es gut", rief ihm Frau Herbst zu, „ein schöner Tag!"

„Danke", erwiderte Winter und stieg in sein Auto.

Verdammt, jetzt hätte er glatt die Materialien für die erste Stunde vergessen!

# 3

Winter saß in seinem Astra eine hübsche Kette von Hintermännern aus, die es sehr eilig hatten, zur Autobahn zu gelangen oder weißderteufel wohin und sich von einem, der den Buckel mit 50 km/h hinunter schlich, unverschämt ausgebremst fühlten. Der ihm direkt im Nacken saß, kriegte schon die Krise, riss die Arme hoch, bewegte ausschweifend sein Mundwerk, zeigte Winter linksverkehrt den Vogel. Was wollte denn dieses Würstchen! Nicht, dass er es dem Idioten nun besonders zeigen wollte, aber sich von Psychopathen nötigen zu lassen, hatte Winter nicht nötig – selbst in der Eile.

Moment, war das nicht – tatsächlich –, war das nicht dieser Bundesrichter, den er alle ohrlang im Konzertsaal traf? Jedenfalls wohnte der in einem der Vororte. Aber durfte der sich überhaupt in sein Auto setzen und mutterseelenallein zum BGH düsen? Was war's denn überhaupt? Ein aufgeblasener Passat, ein sogenannter Phaeton. War nicht er der Gejagte und musste, wenn schon privat unterwegs, sich wenigstens einen kugelsicheren Bart ankletten? Nehmen Sie doch endlich Abstand von Ihrer Drängelei, Herr Richter! Was würde passieren, wenn Winter seinerseits hinterrücks dem Herrn den Vogel oder gar Stinkefinger zeigte? Würde er dann auf dem Dienstweg an- oder gar abgeschossen? Und nur weil er, wie geboten, fünfzig fuhr, dabei aber eine machttolle Person der Zeitgeschichte behinderte? Oder handelte es sich nur um eine täuschend ähnliche Visage? Wer von Rang konnte unbewacht im eigenen Wagen so ein Depp sein!

Ob Winter zwischen dem ersten und zweiten Satz des *amerikanischen* Streichquartetts von Antonin Dvořák dem Herrn Bundesrichter was flüstern sollte, wenn *er* ihm beim nächsten Kammerkonzert im Nacken saß? „Wo waren Sie am 12. Juli um genau sechs Uhr einundfünfzig?" Und: „Wissen Sie nicht wie Kreti und Pleti, dass man diesen Buckel runter zu schleichen hat?"

Und wie, wenn die Person der Zeitgeschichte sich dann umwandte und ohne Rücksicht auf den beginnenden, schlichten Lento-Satz mit seiner Faust aufs linke Winter-Auge zielte und einen Treffer landete, der auch die Musiker zu einer Unterbrechung zwang?! Dann wurde nicht der Richter, sondern Winter von angeblichen SaniTätern aus dem Barock-Saal geführt und mit einer versalbten Augenklappe heimgeschickt – oder gleich in den Hochsicherheitstrakt.

Vor dem Bahnübergang musste Winter nach links, und deshalb fuhren alle seine Hintersassen, wie er später feststellte, geradeaus. Denn zuvor hatte er die Karawane noch durch seine blöde Linksabweichung völlig zum Stillstand gebracht. Dabei hätte man den Gegenverkehr in Gestalt eines! einzelnen! Radfahrers! mit etwas gutem Willen schneiden können. Im Rückspiegel hatte er noch gesehen, wie der Mund des bestimmt falschen Bundesrichters die Buchstabenfolge seines Autokennzeichens KA-ME formte, todsicher ergänzt durch ein L. In Anbetracht wachsender Vergesslichkeit hatte Winter sich ein leicht zu merkendes Autokennzeichen gewünscht, doch erst am frisch verschraubten Schild war ihm aufgefallen, dass er fortan als das Kamel des Jahres 2005 durch die Lande schaukeln würde. Das war ihm natürlich nicht ganz recht.

Ohne den psychischen Druck nervöser Verfolger fuhr man flotter. Wenigstens auf der kurzen Distanz bis zur Dreißigerzone.

Wer hatte grundsätzlich was gegen Fußgänger, die friedlich und entschieden ihre Rechte wahrnahmen? Winter nicht, hielt er es doch selbst so, zu Fuß. Wenn er aber sah, wie verzogene Rotznasen mit ihren siegessicheren, kleinen Fäusten schadenfreudig auf die Druckplatte an der Fußgängerampel hieben! Egal, wie nah dem Zebrastreifen Winter schon war! Und die Ampel sprang sofort auf Rot und ließ ihm keine Wahl, als eine schrille Vollbremsung hinzulegen! Und blieb dann das Bürschchen (Mädchen taten so was fast nie) womöglich grinsend stehen, konnte er fast ... nein, er wurde zum Tier. Das war vorsätzliche Machtverletzung!

Da: Der (wahrscheinlich alleinverzogene) Knirps überquerte zwar betont gravitätisch die Straße, aber er zeigte ihm nicht mal die Zunge: Unfassbar!

Und da erwuchs Winter schon das nächste Hindernis: Schwenkte ausgerechnet vor ihm ein Pedalopädagoge ein, um seiner Schule entgegen zu schwanken: Natürlich, der redselige Schwaiger, vielerorts bekannt als Wanderpokal, echt ein Lehrer von der traurigen Gestalt, hatte zusätzlich zu seinem Pilotenkoffer, der schief auf dem Gepäckträger saß und alle paar Meter betastet werden musste, eine verschossene Penny-Stofftasche am Lenker hängen, mit der vermutlich letzten Aufsatzkorrektur des Schuljahres.

Legte er's drauf an, von einem Autofahrer beim Überholen mit- und zu Boden gerissen zu werden – geradewegs in die Frühpensionierung? Da such dir einen andern aus, mein lieber Schwaiger, murmelte Winter und wahrte gehörig Abstand. Dieser notorisch schwäbelnde Quengler, der Personalversammlungen mit seinen Jeremiaden *rägälmäßig* über die hl. Ein-Uhr-Grenze verlängerte, war imstand, sich hier und jetzt vor Winters Astra-Kühler vom Rad fallen zu lassen. Bloß, damit er nicht zehn Minuten später seinen Mann (!) stehen musste. Die Schülermeute brachte ihn ja auch um – jedoch viel langsamer und mit Genuss.

„Ich weiß, dass du die Nächste nach links fahren wirst", knurrte Winter und blieb nun fast stehen, denn in der Tat, statt am Straßenrand zu halten und eine Lücke abzupassen, beanspruchte dieser Wichtigtuer für den Abbiegevorgang die ganze Straße: Nicht nur Winters Stillstand erzwang er, sondern auch den des entgegenkommenden Fahrers, der instinktiv anhielt und mit großer Geste Schwaiger den Weg wies. Wer wollte schon einen *unsäligen* Pädagogen zur Strecke bringen!

Endlich freie Fahrt! Winter stieg aufs Gas und freute sich, wie der starke Turbo anzog. Doch nur für einen halben Kilometer. Warum, in aller Welt, schlich die neue Vorderfrau mit matten Fünfzig vor ihm her? Sicher eine verkehrsberuhigte Rentnerin auf dem Weg zum Lidl. Nein, das war nicht auszuhalten: Seit der Discounter schon um sieben öffnete, stand der täglich wachsende Rentnerberg um sechs auf der (Bade-)Matte und um sechsuhrachtundfünfzig vor der Tür, um Müllbeutel zu kaufen oder den günstigen Entkalker.

Wäre da nicht die durchgezogene Mittellinie gewesen, hätte er kraftvoll-souverän, ja, elegant-sportiv (und keine Spur aggressiv!) an ihr vorbeiziehen können.

Direkt in die Radarfalle! – Musste er dieser Blindschleiche auch noch dankbar sein! Wieso und woher hatte die gewusst, was Winter nicht mal schwante? Und gleich nach dem Blitzkasten war sie wie eine Furie losgeprescht mit ihrem A 3, und er hatte die Wahl dranzubleiben (was mit kleiner Turboverzögerung immerhin möglich gewesen wäre) oder das neue Siebziger-Gebot zu beachten, das sie nun mit mindestens 30 km/h überraste.

Was ist das für eine Zeit, in der selbst auf die liebsten Vorurteile keine Häuser mehr zu bauen sind, ging es Winter durch den Sinn, derweil sich ein Radio-Hirte forsch wie ein Frosch über Lance Armstrong und die Alpenetappe nach Courchevel ausquakte und erst ganz am Schluss in den See Genezareth plumpste.

Immerhin kam er endlich voran: Er genoss diese Fahrten zu seinem Schulort Täschnersheim. Immer ein bisschen bequemer geworden waren seine Autos in den letzten Jahren – das jetzige sogar klimatisiert. So gelangte er, anders als dieser Schwaiger, recht kühlen Mutes an die Stätte täglicher Bewährung (oder Bewehrung?). Auch schwamm er jeden Morgen stadtauswärts gegen den Strom. Bloß, wenn er ankam und ihm nichts anderes blieb, als sich mit Schülern und Kollegen in die Schule reißen zu lassen, war es aus mit diesen Anflügen eines Turbo-Hochgefühls. Ja, wenn er im Auto hätte sitzen bleiben können, umschart von seinen Schülern, mit aufheulendem *Lehr*laufmotor klärend, wer hier selbst noch im Stillstand der Herr der Dinge war! Und wenn es zu bunt wurde, legte man einfach den Rückzugs-Gang ein und verzog sich!

Nun allerdings hing er schon wieder: Hinter einem ängstlichen Verkehrsmäuschen, das in seinem Corsa nicht einen Mucks über achtzig km/h wagte. Für die Beachtung von Geschwindigkeitsbegrenzungen trat Winter jederzeit ein, keine Frage! Doch wer sich so sklavisch an Beschränkungen hielt, war eine Gefahrenträgerin erster Klasse. Die legte glatt 'ne Vollbremsung hin, wenn ihr ängstlich-suchender Blick auf der Straße eine Kröte entdeckte, die wahrscheinlich schon tot war.

„Fahr zu, Mädle!", rief Winter ein übers andere Mal, als die Corsarin vor einem entgegenkommenden Ungetüm von Sharan bremste und anschließend nur noch mit siebzig dahindümpelte. Beim nächsten Kleinbus wird sie zur Schnecke und beschleunigt nach ausgestandener Gefahr auf rasante Sechzig, knarzte Winter. Er erwog, in den nächsten Feldweg einzuschwenken und den Gegenstand seines Zorns für eine Pinkellänge ziehen zu lassen. Und wenn er zu spät kam – na und? Nie in fünfunddreißig Dienstjahren war ihm das passiert! Wahrscheinlich machte sich aber, gerade, wenn er wieder auf Schulkurs einschwenken wollte, ein weiteres Autolahmmobil vor seines Astra Schnauze breit, und er verlor noch mehr Zeit.

Winter griff nach einem Eukalyptus-Menthol-Bonbon, gewiss schon dem vierten. Nein, er zählte sie nicht, beseitigte aber die Unmengen an Bonbonpapierchen, die sich im Türfach sammelten, fast täglich. Solche Türfüllungen erweckten den Eindruck, als wäre der Autobesitzer ein Koala. Außerdem hatte der illustre Homöopatenonkel, zu dem er seit ein paar Monaten pilgerte, seine Sucht alsbald erkannt und nachdrücklich gerügt.

Obwohl: Dieser Homöopapst erschien seinen Patienten beileibe nicht wie ein Asket. Augen, Nüstern und Mund verrieten eindrucksvoll, dass er für seine Person allen fleischlichen Genüssen heillos zugetan war.

*Genüsse ja, Exzesse nein*, dieses Ringelschwänzchen hängte er an, als ihm Winter nach der ersten Lügendetektor-Sitzung noch misstrauisch entgegenäugte. Immerhin hatte das Computerprogramm nicht nur diese, sondern noch andere Süchte entdeckt, und er fühlte sich von diesem Homöopacker, der massenhaft Ampullen in eine Tüte warf, völlig entblößt.

Die anschließende Homöoplackerei mit zeitversetztem Tröpfchenzählen und dem Wochenend-Cocktail hatte Winter ein paar Monate durchgehalten, bis die Arthrose im großen Zeh (erst wird alles schlimmer, hatte ihm der Papst prophezeit) so richtig in Blüte stand und das Gelenk sich bei jedem Schritt mit stechendem Schmerz gegen weitere Schlückchen aus den Ampullen wehrte.

Ein dicker alter Mann in grünen Bermudashorts und einem lausig-rosanem Sweatshirt, an den Füßen Tennissocken und Sandalen, bewegte sich mit Hilfe eines Gehwagens in Winters Fahrtrichtung auf dem Trottoir voran. Winter musste an den Kollegen Vogel denken, auf den Tag so alt wie er. Der hatte hier in der Gegend ein Grundstück besessen, auf dem sie vor fünfzehn Jahren seinen Geburtstag begrillt hatten. Im letzten Dienstjahr vor seiner Krank-Pensionierung war es in seinen Klassen drunter und drüber gegangen. Je weniger seine Schüler verstanden, was er vor sich hin nuschelte, umso mehr Fez machten sie. Eines Tages, mitten aus der dritten Stunde, war er seinen Quälgeistern entschlurft und hatte Chef Ruprecht *geflüstert*, er sei nicht mehr in der Lage, Unterricht zu halten.

Jahrelang hatte sein Krampfhusten das Lehrerzimmer in Atem gehalten. Und auf Nachfragen hatte er stets behustet, es sei nichts, nur ein Reiz, er wisse nicht, woher und wieso. Alle versuchten es zu überhören, doch das hustete zum Himmel, und Vogel ging kaputt. Seinen Dienstabgang ein halbes Jahr später hatte sich Vogel – Hauptfach Musik – ohne schamlosen Singsang und Geflöte von Schülern gewünscht.

Ach Vogel, seufzte Winter, und unsereins, wenn nicht noch ganz Schlimmes passiert, geht mit ein paar Hühneraugen und komischen Träumen raus und hat fünf Monate später alles Schlimme, Versäumte, Peinliche, Blöde vergessen oder wenigstens verdrängt. Wie vor Jahrzehnten jener Kollege (na bitte, jetzt fiel Winter dessen Name schon nicht mehr ein), den er ein halbes Jahr nach dessen vorzeitigem Abgang am Bankschalter traf und begrüßte, worauf der ihm verlegen gestand, dass es ihm wohl so vorkäme, als hätte er Winter irgendwo schon gesehen. Doch er wüsste leider nicht mehr, wo.

Und dabei war das mein Mentor und Fachkollege – Arnfried? Nein, ist auch egal – war so was von einer Flasche, dieser, richtig, Herbert Armbruster.

Schon wieder fast Stillstand: „Was machst du denn, Mäuschen!", jammerte Winter und konnte dem toten Tier (ein Igel?), das zwischen Corsa-Heck und Astra-Schnauze plötzlich auftauchte, nicht mehr ausweichen. Es tat einen leichten Schlag: Wahrscheinlich hatte er die Tierleiche voll erwischt.

„Nein, das nehme ich nun überhaupt nicht als böses Omen", redete Winter sich zu und merkte doch, dass ihn das Überfahren eines, wenn auch toten, Tiers in einen leichten Schockzustand versetzte.

Mäuschen und Winter näherten sich Pillingstätt. Ob er endlich ihrer zögerlichen Führung entkäme? Kurz vor der

Linksabzweigung zum Sankt-Anna-Haus erlahmte ihr Gasfuß ganz. Sie setzte, als wäre Winter der Vater ihrer Gedanken, den Blinker und hielt an. Von der Ampelkreuzung hundert Meter weiter kam ihnen die Grün-Karawane entgegen. Rechts war nicht genügend Platz. Hätte Winter seinen Astra über den Gehweg gelenkt, wäre womöglich die sprichwörtliche Mutter mit dem Zwillingskinderwagen herangerollt, wie aus dem Nichts.

Das dauerte und dauerte, zumal Mustermäuschen sich nicht traute, eine komfortable Langlücke zu nutzen und kraftvoll, aber gefahrlos nach links zu ziehen. Also doch über den Gehweg! Vorsichtig bugsierte Winter seinen Astra vorbei. Linste nach links.

Na, da hatte er sich aber gründlich getäuscht: Im Corsa saß als Herr Maus in den besten Jahren sein Studienkollege Holger Junghähnel, seit Urzeiten überzeugter Körnervertilger und Krempelverwerter aus Leidenschaft. Winkte ihm zu, hatte ihn vermutlich schon lange im Rückspiegel geortet. Mensch, hatte der 'ne Matte am Hinterhaupt!

War er von seiner Zweit-Tatjana zum Wievielfünfzigsten womöglich mit einem Car-Sharing-Vertrag beglückt worden? – Oder war sie etwa mit Holgers Rad gestürzt? Na, er würde es am Abend erfonen.

Natürlich sprang die Ampel auf Rot. Blick nach links: In das protzige Geschäft war – seit wann eigentlich? – ein Physiotherapeut eingezogen und hatte die großen Schaufenster zugeweißelt. Seit über zwanzig Jahren kam Winter hier zu Schulzeiten täglich vorbei. In den ersten zehn Jahren dämmerte in diesem Ladenlokal ein Küchenstudio vor sich hin, in den dreizehn Jahren danach ein jämmerlich leerer Mediamarkt, der seine Fahnen, angefangen von der Telekom über E-Plus bis zu O2, nach den Wechsel-Winden der Telekommunikation hängte. Eines Tages waren alle Fähnchen und Fahnen wieder von der Fassade verschwunden, vermutlich saßen die beiden Jungunternehmer wegen betrügerischen Konkurses im Knast – oder auf Mallorca, wo sie deutschen Rentnern die Tage im letzten Büchsenlicht verschüsselten.

Als die Ampel wieder Grün zeigte, sprintete vor Winters Nase ein Kleinlaster, der gegenüber an der Ampel gestanden hatte, nach rechts vorbei in die Eisenbahnstraße. Bevor Winter ihm mit kreischenden Bremsen (vielleicht sogar der Hupe!) dartun konnte, was er von so italienisch-türkisch-spanisch-griechisch-französischem Freistil hielt, war der einfach schon weg.

Den langen Rest von Pillingstätt konnte man untertourig durchblubbern, vorüber am St.-Elisabeth-Seniorenheim, bei (und in?) dem sich nie was rührte. Dieser öde Häuserstrich mit seinen Einheitsfassaden an der Durchgangsstraße, eine so scheußlich wie die andere! Lediglich ein Erbe oder Erwerber, bestimmt aber ein Fremder, hatte versucht, sein Haus aus der gräulich-gelben Gemeinheitsfront herauszuputzen und es unter Missachtung aller nachbarlichen Keiferei von Kopf bis Fuß lila gestrichen. Ja, sogar das Dach.

Am Ende des Ortes umfloss die Straße eine Rabatteninsel, völlig grund- und nutzlos vollgepflanzt mit Blumen. Zu Fuß war hier kein Pillingstätter unterwegs. Doch welcher Autofahrer nahm sie wahr? Wer sich der Blumeninsel näherte, dachte höchstens kurz darüber nach, ob es notwendig sei runterzuschalten oder ob man auch diesen blühenden Unsinn im vierten Gang umblubbern konnte.

Endlich wieder freie Fahrt! Für wenigstens anderthalb Kilometer – aber nur, weil im Juli die Kröten längst nicht mehr wanderten. Winter wünschte ihnen, wohin sie auch immer gelangt sein mochten, alles Gute.

Nicht einmal die Gärtnerei, wahrscheinlich Lieferantin der Pillingstätter Insel-Verblumung, sorgte heute durch eintreffende oder loszuckelnde Lastwagen für Verzögerung. Auch noch keine rentmobilen Pflanzenfreunde, die seit Eintritt in den Ruhestand jeden Kilometer, egal, wohin oder woher, gleitend genossen und in ihren Silberlimousinen gemächlich ein- oder ausbogen, als wären sie allesamt (Pflanzen-)Bestatter.

Selbstverständlich hielt Winter auch auf dieser potenziellen Rennstrecke die Geschwindigkeitsbegrenzung ein. Cum grano salis; er rechnete so: Nach Abzug der Tacho-Vor-Eilung von zehn Prozent und einer polizeilichen Toleranz von weiteren fast zehn Prozent durfte der Tacho auf dieser freien Strecke gut und gern hundertzwanzig anzeigen.

Nach einem Waldstück, das er nie betreten, immer nur durchschossen hatte, mündete die Straße in die Umgehungsstraße von Hermannsau, dem Riesendorf, aus dem fast die Hälfte seiner Schüler stammte. An dieser Kreuzung krachte es fast wöchentlich, und häufig waren es Jungraser, die den Pfahl mit dem runden blauen Schild trafen und niedermähten, der ihnen eigentlich nur den rechten Weg hatte weisen wollen. Zeugen waren in diesen Fällen immer Tiere im Gehege vis-à-vis, und Winter fragte sich manchmal, ob das Fleisch solcher Augen-(und Ohren)zeugen des alltäglichen Wahnsinns als *automechanisch* angeboten wurde. Verstieg sich angesichts einer Schafsgroßfamilie zur *automechanischen Lammkeule* und fand das sehr lustig und musste schon wieder nicht nur bremsen, sondern halten, denn die Ampel sprang, als er noch dreißig Meter entfernt sich im grünen Bereich wähnte, auf Gelb und dann furchtbar schnell, wie er wusste, auf Rot. Noch vor einem Jahr war diese Ampel von einer alten Steineiche überdacht gewesen, die zwischen den Jahren einfach gefällt wurde, von einigen Weihnachtsmännern.

Die Zeit wurde nun wirklich knapp: In fünf Minuten begann die erste Stunde, und er hatte noch drei Kilometer vor der Stoßstange. Aber wenn er daran dachte, wie langsam sich gewisse Kollegen nach dem Gong in Bewegung setzten und ihren schweren Gang vom Lehrer- ins Klassenzimmer antraten, hier und da noch die Gelegenheit für ein Schwätzchen nutzend, in der richtigen Annahme, dass ihre Schüler auch noch halb schliefen und noch nicht auf blöde Ideen und deren Ausführung kämen, konnte sich Winter Zeit lassen. Er hastete dann eben direkt ins Klassenzimmer …

Und nun auch noch dies: Aus der Parkbucht vor dem Täschnersheimer Königreichsaal schob sich ihm langsam, aber unaufhaltsam Herr Feyerling mit seinem braven Corolla in den Weg. Mann, dachte Winter, dein Gottvertrauen ist rührend. Bloß gut, dass *ich* das Werkzeug der Vorsehung bin und nicht ein wildgewordener Bundesrichter. Hatte dieser Mensch die Seelenruhe, statt nun wenigstens loszufahren, gemütlich am Straßenrand stehenzubleiben und auf Sohn Michael zu warten, der, wie jeden Morgen, mehr noch als sein Vater vor sich hintrielte. Da wäre der Einsatz eines Signals beileibe nicht ganz unangemessen gewesen; doch in solchen Momenten erst in der Betriebsanleitung nachzusehen, mit welchem Hebel die Lichthupe zu bedienen war (Richtig hupen? Ausgeschlossen! Doch als Luzifer betätigte sich Winter eben auch nie.) und sie dann nach einer Verzögerung von zwei Minuten zu betätigen, wäre ein bisschen absurd gewesen.

Also stieß Winter zwei Meter zurück, leider war er nah aufgefahren, und zog mit scheelen Seitenblicken an Herrn Feyerling vorbei, der geradeaus Löcher in die Luft starrte und Winters Umstands-Manöver entweder nicht bemerkte oder bewusst ignorierte.

Na, jetzt war aber alles zu spät!

# 4

Endlich war Winter im Anmarsch auf die August-UHU-Realschule – und stutzte: Gehörten die zwei, die ihm da im Weg herumsaßen, zum aktuellen Schülerbestand? Die grinsten ihn an, in einer Weise, als hätte er ihnen nichts mehr zu sagen: Richtig, es waren Ehemalige, die es – warum nur, und dazu noch so früh? – wieder in (bzw. vor) ihre alte Schule gezogen hatte. Die begrüßten ihn natürlich mit seinem Namen – schadenfroh, während er panisch in seinem Gedächtnis kramte. Rasch war Winter klar: Es handelte sich um vorletztjährige Delinquenten aus seinem Deutschunterricht, arme Würstchen, die noch im letzten Aufsatz den Notenschnitt nach unten gezerrt und trotzdem ihre Prüfung ganz passabel geschafft hatten. Und der eine, das fiel ihm auch wieder ein, hatte am gleichen Tag Geburtstag wie er selbst.

„Bin spät dran", keuchte er. „Wie geht's euch denn?" – so viel Zeit musste sein –, wandte er sich an den Geburtstagsschwager. „Bestens", gab der zum Besten und lachte Winter fast ein wenig unverschämt ins Gesicht.

„Und dir?", wandte er sich an den anderen, den er, wie ihm sofort wieder vor Augen stand, einige Male zu Besinnungspausen rausgeworfen hatte – mit Eintrag ins Klassenbuch, Elterngespräch, sogar der Androhung eines Schulausschlusses. Zu dem war es dann doch nicht gekommen, weil dieser grundsubversive Mensch, der zu allem Übel auch noch Schulsprecher war, durchaus wusste, wie weit er gehen konnte. Kein anderer Schüler in den letzten Jahren hatte ihn so viel Nerven gekostet wie dieser, dieser – ach, es war ein Akt der Hygiene, dass er seinen Namen aus dem Gedächtnis gestrichen hatte.

„Und Sie sind immer noch Lehrer an der Schule?", fragte ihn der Quälgeist hinterhältig, statt zu antworten.

„Nicht mehr lange, in acht Tagen ist vorläufig Schluss", trumpfte Winter auf, und freute sich, dass es seinem Kontrahenten für einen Augenblick die Sprache verschlug.

„Haja", fing sich sein Widerpart, „die großen Ferien."

„Nicht bloß Ferien", stellte Winter klar, „ich leiste mir ein Urlaubsjahr."

„Ein ganzes Jahr", staunte Michael (na bitte, der Name seines Geburtstagskumpels war ihm wieder eingefallen), „und wovon leben Sie dann?" „Ach wisst ihr, meine Lebensansprüche sind nicht so hoch, das geht schon irgendwie."

„Das wär' nichts für mich", bekannte sein Widerpart, „ich brauch' Kohle!"

„Also dann", schloss Winter, „ich muss. Macht's weiterhin gut, Michael und ..."

„Ich heiße Ruben, falls Sie es vergessen haben!", rief sein Feind ihm nach. „Ein schöner Tag!"

Nenne das Übel beim Namen, kam es Winter in den Sinn. Wie überflüssig, ausgerechnet diesen Bürschchen seinen zeitweiligen Abgang auf die Nase zu binden, als wollte er ihnen stecken: Seht her, ihr habt mich nicht geschafft, keiner von eurem (Klein-)Kaliber. Hatte er es nötig, ihnen seine narzisstische Kränkung zu präsentieren?

Und nicht das geringste Interesse an ihrem Fortkommen hatte er gezeigt. Das war schwachpädagogisch, mein Lieber! Was führten die eigentlich im Schild? Sehnten die sich nach ihren alten Lehrern? Am helllichten Vormittag hatten die nichts Besseres zu tun?

„Herr Krasser", sprach Winter den Hausmeister an, der sich gerade von einem Quad wälzte, „was haben denn unsere alten Freunde" – er wies mit dem Kinn in deren Richtung – „vor?"

„Ach, das wissen Sie nicht? Die machen doch nachher beim Zehntklässler-Streich die Lichteffekte und den Krach."

„Ist das heute?" Winter durchfuhr ein heiterer Schreck: Ob dem *Streich* der Prüfungsabsolventen ein Teil seiner Unterrichtszeit zu opfern war, *Der Besuch der alten Dame* heut' vielleicht ausfiele? Warum sagte ihm das keiner? Oder hatte er, als davon, in der Gesamtlehrerkonferenz vor zwei Wochen vermutlich, die Rede war, wieder mal nicht aufgepasst, was allerdings in letzter Zeit häufiger passierte? Nun wurde es aber wirklich höchste Zeit, ins Klassenzimmer zu kommen (die Schüler haben Anspruch auf Unterricht, volle fünfundvierzig Minuten!). Tatsächlich kamen ihm schon Kollegen aus dem Lehrerzimmer entgegen, betont lustig, wie ihm schien, denn jeder wusste natürlich, dass diesem Unterrichtsbeginn bald ein Abbruch folgen würde, und dann zog sich die Sache wie in den Jahren davor in die Länge. In der Aula werkelten tatsächlich Mitglieder der SMV an der Bühne herum. Glückspilze unter den Lehrern, die ohnehin nach der vierten Stunde frei hatten, mussten nach schläfrigen Anfangslektionen dann nur noch an den dusseligen Spielen teilnehmen. Die Zehntklässler wollten ihre Lehrer wenigstens zum Schluss noch einmal so richtig vorführen.

Nur taten sie das völlig phantasie- und geistlos, wie Sylvia Oberding in der Konferenz gescharfrichtert hatte, „die übernehmen das Zeug doch nur aus den blödesten Fernsehshows!" Sie hätte an diesem Tag am liebsten ihren Neuntklässlern eine letzte Mathearbeit vor die Lätzchen geknallt, wenn Ruprecht nicht schon für diesen Nachmittag die Notenkonferenz angesetzt hätte.

„Na", quatschte ihn Zordel an, „auch schon da?", und grapschte nach seinem Kitzelfleck. „Man sieht dich immer seltener."

„Hör auf! Bald bin ich ganz gestorben", lachte Winter und schwenkte nach links, wo er seine Neuntklässler vermutete.

Gefehlt: Die hatten sich ein schattigeres Klassenzimmer erschlichen und hielten sich dort fein still – in der Hoffnung, dass Winter erst das ganze Schulhaus umkrempeln musste, bis er sie mit seiner *Weißen Rose* und dem *Kreisauer Kreis* fand.

Was nun? Hinauf ins Lehrerzimmer – um *diese* Zeit, wo die Schüler ohnehin nur noch in den Genuss einer Winter-Zeit von dreiundvierzig Minuten kamen? Dort lief er, wenn der nicht, wie gelegentlich, als leuchtendes Beispiel für Pünktlichkeit bereits in einem Klassenzimmer verschwunden war, Rektor Ruprecht in den Weg. Der wusste in den letzten Wochen des Schuljahrs nie, wohin mit seiner pädagogischen Hitze und kokelte Schüler und Kollegen an, ohne Ansehen der Person.

Schon passiert: Auch Ruprecht irrte durchs Schulhaus.

„Gut, dass ich Sie treffe. Ich mache mir schon lange Gedanken." Ruprecht schaute Winter erwartungsfroh an.

„Guten Morgen, Herr Ruprecht. Worüber denn?"

„Kommen Sie, wir gehen ins Auswärtigenzimmer."

„Ich müsste aber eigentlich zu meiner 9 b", gab Winter zu bedenken.

„Und ich in die 8 c. Haben Sie eine Ahnung, wo die sein könnten? Es ist furchtbar: Am Schuljahrsende glauben alle, sie können machen, was sie wollen. Und dann diese Hitze: Da meint sowieso jeder, dass er das Recht auf einen Platz im Schatten hat. Halt, jetzt kommt's mir: Die sind seit gestern im Physikraum. Hab' ich sogar selbst angeordnet. Herr Winter, man wird alt."

„Da können wir uns die Hände reichen", gestand Winter. „Ich weiß auch nicht, wo sich die 9 b versteckt hält."

„Moment, da war was. Frau Hoch hat mich gestern früh gebeten, ihre Kadetten in das Zimmer der 10 c zu lassen. ‚Die sind ja schon bei normalen Temperaturen maulfaul wie Fische, und jetzt strecken sie bereits um neun die Flossen', sagt sie. Aber was ich Sie seit Wochen fragen will: Wie hätten Sie es denn gern bei Ihrer Verabschiedung – offiziell oder kollegial?"

„Am liebsten gar nicht", bekannte Winter. „Ich geh' jetzt doch nur für ein Jahr in Urlaub, und ich möchte natürlich gern wieder in Ihrem Team mitspielen und nicht als Wanderpokal herumirren."

„Ach, meinen Sie wirklich, Sie müssen woanders hin? Das kann ich mir nicht vorstellen. Also ich werde um den Herrn Winter kämpfen! Keine Sorge, das schaffen wir! Sie sind jetzt achtundfünfzig, neunundfünfzig?"

Winter lächelte verbindlich.

„Na gut, dann gibt's halt die kleine Lösung. Ich will nur nicht, dass es heißt, wir hätten den Herrn Winter sang- und klanglos ziehen lassen."

„Machen Sie sich keine Sorgen, Herr Ruprecht. Wenn ich dann eines Tages pensioniert bin, lade ich alle Kollegen ein."

„Hast du keinen Unterricht?", fuhr Ruprecht Marvin an, der auf seinem Weg zum Rektorat, wo er pflichtgemäß melden wollte, dass seine Klasse Herrn Winter vermisse, auf die beiden gestoßen war. Er hatte wohl einem Impuls des gesunden Menschenverstandes nachgegeben und beschlossen, den in der Hausordnung vorgeschriebenen Weg ins Sekretariat zu verlassen und die beiden Lehrer direkt anzusprechen: eine reife Leistung für einen Neuntklässler, denn normales Schülerinteresse gebot, Unterricht so lang wie möglich zu vermeiden.

„Vermisst, Marvin? Ich sehe, ich darf euch den Herrn Winter nicht länger vorenthalten. Also, wir verstehen uns. Ein schöner Tag!"

„Ganz und gar", bestätigte Winter und ließ sich von Marvin ins Klassenzimmer führen, wo einige der eben noch zu Fischen Ernannten tobten wie junge Hunde.

„Gut Nacht!", grüßte Winter. „Sezai, Philipp, Daniel und Flori – auseinander!"

Einige Damen quittierten seinen Scherz mit höflichem Grinsen, während die Genannten noch rasch ein paar Boxer verstreuten, sich dann aber an ihre Plätze schlichen.

„Bitte leg' sie ein!"

Winter reichte Marvin die Videokassette.

„Au, sehen wir einen Film?", fragte Sabrina.

„Krass. Die ganze Stunde?", schloss sich Celina an, „was isses denn?"

„Sag' ich nicht", beschied Winter. „Halt, noch nicht abfahren, Marvin! Also, wenn nun alle gemerkt haben, dass ich da bin, erstmal guten Morgen!"

„Morgen", maulte es aus dieser und jener Richtung, doch nun schwiegen alle erwartungsvoll.

„Das heutige Thema wird erst verraten, wenn wir uns den Filmausschnitt angesehen haben. Er dauert sechs-acht. Danach gibt es Gruppenarbeit."

„Sechs Stunden acht Minuten? Stark!", rief Philipp und rutschte demonstrativ in eine bequeme Fernseherlage.

„Was, so kurz?" Celina war enttäuscht.

„Ach sooo", folgte ihr Philipp, „nur sechs Minuten ..."

„Gut", schloss Winter den Meinungsabtausch, „legt am besten alles weg und gebt auf das Geschehen acht. Jede Einzelheit ist wichtig. – Bitte, Marvin!"

Marvin waltete seines Amtes, doch leider sahen sie die ersten Bilder der 2. Sequenz aus *Sophie Scholl* tonlos.

Franziska meldete sich und platzte schier vor Mitteilungsfreude.

„Aus!", verfügte Winter. „Kennst du den Film, Franziska? Dann haben wir zwei jetzt ein Geheimnis, einverstanden!?"
Franziska stöhnte, ließ ihren Arm sinken und schenkte Winter einen bedeutsamen Schielblick.

Marvin waltete weiter, fuhr das Band auf Null zurück, stieg auf einen Stuhl, fummelte an den Hinterteilen der Geräte herum. Und, es war wie immer ein kleines Wunder, schon nach kurzer Zeit entlockte er dem Fernseher Töne.

„Irgendein Assi hat das Tonkabel rausgezogen", bemerkte er fachmännisch. „Jetzt müsste's gehen."

Zunächst sah man Hans und Sophie in der gemeinsamen Wohnung: ihn beim Verpacken von Flugblättern, während sie einen Brief schrieb. Dann: die Geschwister mit einem Koffer voller Flugblätter auf dem Weg. In der leeren Aula der Uni legten sie eilig Flugblätter aus und verschwanden. Überraschend tauchten sie erneut auf, um noch das letzte Material loszuwerden. Sophie stieß einen Stapel von der Empore in den Lichthof. Die Pausenglocke ertönte. Die beiden mischten sich unter die Studenten, die aus Vorlesungssälen herausdrängten. Doch der Hausmeister hielt sie fest. Er hatte sie beobachtet.

Kaum war der Filmausschnitt beendet, entstand unter einigen der Damen – Sabrina, Celina, Jasmin und Claudia – erhebliche Unruhe. Erst wurde leise, dann immer lauter getuschelt, sodass Winter schon der ganzen Riege den Mund verbieten wollte.

Franziska meldete sich schon wieder wie wild, außerdem Daniel, und nun auch noch Jasmin.

Winter wählte mit Bedacht und entschied sich für: „Jasmin!"

„Hat jemand ein Tempo?", lautete ihre Frage.

„Sie hat doch Heuschnupfen", erklärte ihre Nachbarin Celina.

Flori, Martina, Veronique und Sezai tauchten zu ihren Schulrucksäcken ab, um nach einer Weile mit bedauerndnegativen Ergebnismeldungen wieder zu erscheinen.

Winter schritt zum Lehrerpult, förderte aus den Kellerregionen seines Pilotenkoffers ein ganzes Päckchen zu Tage und ließ es an Jasmin weiterreichen.

„Bitte, Daniel, was meinst du?"

„Also, es geht um junge Leute, die was gegen die Nazis tun wollten."

„Hmm", summte Winter. „Martina?"

„Das merkt jedes Kleinkind. Aber was die da gedruckt und verteilt haben, das müsste man jetzt halt wissen."

„Kein Problem", bemerkte Winter und hob eines seiner Gruppenarbeitsblätter in die Höhe, „am Ende der Stunde ist alles klar. So, Franziska, jetzt du!"

Franziska seufzte erleichtert auf: „Ich war vor einer Woche in dem Film. Also da geht es um die Sophie Scholl. Die war zusammen mit ihrem Bruder und ein paar Freunden in einer Studentengruppe und wurde am Ende hingerichtet."

„Wie?", wollte Daniel wissen.

„Was, wie?", fragte Winter.

„Na, mit Strom oder Gas – oder erschossen oder aufgehängt?"

„Bitte, Franziska!"

„Sie kam aufs Schaffott."

„Brutal", fand Daniel und schaute Winter ebenso entgeistert an wie sein getreuer Freund und Nebensitzer Flori, der aber nur im äußersten Notfall den Mund aufmachte.

„Du sagst es", bemerkte Winter. „Also, worum geht es in dieser Stunde?"

„Meinen Sie mich?", fragte Daniel.

„Nein, ich meine alle."

„Um die Studenten im Dritten Reich?", versuchte es Daniel trotzdem.

„Franziska?"

„Ich denk' um alle, die gegen Hitler waren."

„Gut", fand Winter, „und wie nennt man das, wenn jemand gegen ein Regime ist?"

Philipp meldete sich wie wild und bekam das Wort: „Regimegegner?"

Veronique lachte schallend.

„Was ist los?", fragte Winter.

„Also, dass ein Wort, das *für* ein anderes steht, ein Fürwort ist, wissen wir inzwischen alle", bemerkte Veronique.

„Und was hat das mit Regimegegnern zu tun?", fragte Philipp verdutzt.

„Entweder geht es nur um *Die weiße Rose* oder um den Widerstand im Dritten Reich", fuhr Veronique unbeirrt fort.

„Fein", bestätigte Winter. „Und du hast auch recht, Philipp. Aber was Veronique als Zweites vermutet, das ist heute unser Thema. Wobei wir nur einen Eindruck gewinnen können und eine Anregung, sich weiter damit zu beschäftigen."

„Im nächsten Winter", drang es, von Jasmin geflüstert, an Winters Ohr.

„Und was soll das sein *Die Weiße Rose*? Nie gehört", grummelte Philipp.

„Das ist genau wie *Die Rote Kapelle* ein Deckname, damit die Polizei einen nicht sofort schnappt", bemerkte Claudia. Sie überraschte Winter ab und zu mit Überlegungen, von denen andere nicht einmal träumten.

Veronique wollte etwas ergänzen: „*Die weiße Rose* ist aber auch ein Symbol."

„Geil! Wofür denn?", wollte Celina wissen.

„Weiß ist die Farbe der Unschuld, und die Rose gilt als Königin unter den Blumen ...", erklärte Veronique.

„... und außerdem haben die Rosen Dornen", ergänzte Alexandra.

„Ääbn", schloss Martina.

„Was, eben?", fragte Winter nach.

„Wenn einer kommt und sie abreißen will, dann leisten sie Widerstand."

„Womit wir schon ganz nah beim Thema sind", freute sich Winter. „Ich geb' euch jetzt das Material für die Gruppenarbeit. Alles, was ihr erarbeiten sollt, steht dabei. Fünfzehn Minuten Zeit – dann sammeln wir die Ergebnisse."

„Ich versteh' nur noch Bahnhof", gestand Marvin, „*Rosen* und eine *Kapelle*, ich weiß nicht ..."

„Auch dein Zug fährt gleich ab", beschwichtigte ihn Winter. „Ganz wichtig: Erstmal genau lesen!"

„Das ist immer so kompliziert, das Zeug", unterstützte Philipp Marvin. „Warum können die Leute nicht so schwätzen, dass es jeder versteht."

„Also jetzt strengt euch mal ein bisschen an, ich möchte nachher Ergebnisse hören!"

Als Winter das Material verteilt hatte, klopfte es an der Tür.

„Es hat geklopft", meldete Philipp.

„Ich hab's gehört", antwortete Winter und öffnete.

Vor ihm stand eine Frau, zweifellos eine Schülermutter, und bedrängte ihn mit einem Schnellhefter.

„Herr Winter", klagte sie, „ich find' den Herrn Knecht nicht, der Aykut hat seinen Technikordner vergessen. Und heute ist doch Notenkonferenz, und der Aykut hat gesagt, der Herr Knecht reißt ihm den Kopf ab."

„Gut, geben Sie ihn her, ich treffe den Kollegen."

Aykut. – Aykut hatte er als Fünft- und Sechstklässler in Deutsch gehabt.

Und die Mutter hieß? Richtig, die hieß Brucker. Dass ihm Namen fast immer erst einfielen, wenn die Leute schon wieder verschwunden waren!

In der Gruppe, die einen Grundsatzentwurf des Kreisauer Kreises zu bearbeiten hatte, regte sich aktiver Widerstand.

„Kommen Sie mal her!", forderte Philipp.

„Ja – Augenblick", murmelte Winter und legte Aykuts Technikordner, damit er ihn ja nicht liegen ließe, auf das Klassenbuch. Nein, das war Blödsinn: Wie oft hatte er schon den Stundeneintrag vergessen! Der sicherste Ort war zweifellos sein Aktenkoffer: Er musste nur nachher daran denken. Also Zettel schreiben!

„Gib mir mal bitte ein Blatt", bat Winter Martina.

Martina ließ ihren Stift fallen, schlug ihr Französischheft auf (na, was hatte das eigentlich jetzt auf der Bank zu suchen?), und wäre imstande gewesen, aus lauter Eifer, ja Liebe(!), ohne Rücksicht auf Kollateralschäden, ein unbeschriebenes Blatt herauszureißen, hätte Winter sie nicht daran gehindert.

„Einen Zettel hab' ich gemeint", korrigierte er sich und stürzte damit Martina ins Unglück, denn mit so was Geringfügigem konnte sie nicht dienen.

Aber Celina! Die erkannte ihre Chance, zauberte blitzartig ein Apotheken-Blöcklein hervor und lieferte Winter genau das Richtige, nachdem sie das oberste, schon beschriebene Blättchen entfernt hatte. Als sie Winter den leeren Zettel reichte, ließ sie ihren einen Moment aus den Augen. Schon griff Daniel danach, studierte Celinas Notat und zeigte dies Flori.

„Gib's sofort her!", schrie Celina und sprang auf. Flori kapitulierte sofort und gab ihr den Zettel zurück.

„Was war's denn?", wollte Sezai wissen.

„Ach, nichts", gab Daniel Auskunft. „Sah irgendwie aus wie ein Gedicht, oder ein Witz. Aber die Schrift von der kann ja keine Sau lesen."

„Herr Winter, jetzt kommen Sie doch mal!", forderte Philipp erneut.

„Gleich", beschwichtigte Winter, „ich muss nur noch schnell ..."

*Technikordner von Aykut an Knecht*, notierte Winter, schob den Zettel in die Hemdbrusttasche und den Schnellhefter in seinen Aktenkoffer. Nun konnte fast nichts mehr schiefgehen.

„Also, was ist?", näherte sich Winter der Gruppe um Philipp, in der vor lauter Unverständnis schon ein etwas mürrisches Schiffeversenken begonnen hatte. Winter betrachtete es mit einer gewissen Rührung: Wie viele Schiffe hatte er kreuzweise vor reichlich vierzig Jahren erledigt! Wie kam es nur, dass in den letzten Wochen unter den Jungen eine Art Schiffeversenkfieber ausgebrochen war?

„Das ist, echt, so ein Zeug!", protestierte Philipp.

„Also", flüsterte Winter, „was versteht ihr denn nicht?"

„Was hat das hier mit dem Widerstand zu tun?"

„Du meinst das mit dem Familienoberhaupt und den Kindern? Das klären wir später. Aber überlegt mal: Ab wann dürft ihr wählen?"

„Ha, ab achtzehn."

„Ja, und vorher habt ihr zu nix eine Meinung?"

„Ha doch!"

„Ach so – soll das heißen, dass der Vadder bei der Wahl nicht nur eine Stimme, sondern, je nachdem, wie viele Kinder er hat, drei oder x Stimmen abgeben kann?", fragte Daniel.

„Genau", bestätigte Winter, „das wollten die Kreisauer später einführen."

„Ja, un die Mudder?", wollte Marvin wissen. „Wenn die jetzt ganz anderschter denkt wie de Vadder?"

„Spielt keine Rolle", gab Winter zu. „Was kann man aber daran sehen, Philipp?"

Philipp zuckte die Achseln. Auch Daniel, Marvin und Flori fiel nichts ein.

„Na", machte Winter kurzen Prozess, „dass die Kreisauer schon noch das patriarchalische Prinzip vertraten."

„Aha. Und was heißt das?", fragte Marvin entgeistert.

„Männerherrschaft!", stellte Daniel klar.

„Aber dann waren die ja gar nicht so fortschrittlich", fand Philipp.

„Eben", sagte Winter, „also – alles klar?"

„Nee, aber wir schaun halt mal", entließ ihn Daniel seufzend.

Gerade rechtzeitig, denn Martina platzte schon förmlich vor Wissensdrang.

„Jetzt kommen Sie aber zu uns!", verlangte sie.

Winter folgte ihr aufs Wort.

„Hier in dem Brief steht: *Deutsche! Wollt Ihr und Eure Kinder dasselbe Schicksal erleiden, das den Juden widerfahren ist?* Das versteh' ich nicht. Meine Uroma sagt immer, das mit den Juden hätten sie erst hinterher erfahren."

„Und ich hab' gesagt", warf Veronique ein, „dass die Leute sich damals selbst belogen haben."

„Belogen ist zu hart", äußerte Winter, „sie haben halt, weil es bequemer war, weggeschaut. Das passiert heute ja auch. So nach dem Grundsatz *was ich nicht weiß, macht mich nicht heiß.*"

„Vielleicht haben das nur Studierte wissen können", mutmaßte Isabel, „so Leute halt wie die Scholls."

„Und das glaubst du?", ereiferte sich Franziska. „Was war denn mit den Synagogen und den Geschäften? Das hat niemand gesehen? Da waren alle im Tiefschlaf? Mensch, da kam doch die Feuerwehr, da war doch was los mitten in der Nacht! Hier in Täschnersheim gab es über hundert Juden. Und keiner hat's gemerkt, als die verschwunden sind?" Franziska tippte sich mit dem Zeigefinger heftig gegen das Schläfenbein.

„Verstehst du", versuchte Martina Isabel zu überzeugen, „das ist so ähnlich wie bei einem Unfall: Alle stehn rum und glotzen und keiner hilft, und wenn man dann einen fragt, sagt er höchstens: Ja, wie hätt' ich denn helfen sollen? Ich hab das doch nicht gelernt."

„Oder bei der Klimaerwärmung!", warf Isabel ein.

„Bei was? Wieso?" Franziska sah keinen Zusammenhang.

„Da gucken jetzt auch alle weg", erklärte Veronique. „Und wenn's ihnen noch so heiß wird."

„Ääbn! Und alle freuen sich, wenn der Winter mild ist", ergänzte Martina, schlug sich auf den Mund, als die anderen an ihrem Tisch lachten – und errötete heftig.

„Ich sehe, ihr seid schon ziemlich auf dem richtigen Weg", fand Winter und hätte Martina am liebsten in den Arm genommen. Stattdessen wandte er sich jener Gruppe zu, die sich mit Georg Elser zu beschäftigen hatte.

Das Bild, das die Explosionsfolgen zeigte – Winter hatte ein Foto mitkopiert –, sehe aus wie vom Untergang der Titanic. Andreas setzte jedes Wort mit Bedacht.

„Kann man wohl sagen", fand Winter, „und wenn Hitler das Lokal nicht zehn Minuten vorher verlassen hätte, wäre der Krieg bald zu Ende gewesen."

„Sind Sie – sicher?", fragte Andreas. „Er hatte – doch grad – erst – angefangen – und die deutschen – Truppen siegten – überall."

„Gut", räumte Winter ein, „in der Phase der Blitzkriege hätten vielleicht Hitlers Gefolgsleute trotzdem weitergemacht, aber zum Russlandfeldzug wäre es bestimmt nicht gekommen."

„Also. Darüber – könnten wir – uns stundenlang streiten", äußerte Andreas. „Ich hab – gehört, dass Geschichtsfachleute sich nur – an die – Tatsachen halten – sollen."

„Das stimmt", gab Winter zu. „Die Frage, *was wäre gewesen, wenn?* gilt als unwissenschaftlich. Aber darum geht's hier ja gar nicht. Ihr sollt versuchen, euch in Georg Elser hineinzuversetzen."

Sabrina seufzte und auch die anderen Mädchen in der Elser-Arbeitsgruppe starrten unglücklich auf ihre Blätter mit der Bescherung im Bürgerbräukeller.

„Ich – mach das – schon", tastete sich Andreas weiter, „also – hier steht ..."

Winter wandte sich ab. Natürlich gönnte er dem um Anerkennung ringenden Jungen seine kurzzeitige Führungsrolle im Kreis dieser Mädchen, die an allen möglichen Geschichten, bloß nicht an Geschichte interessiert waren.

Ob das seinem Ansehen nützte oder eher schadete? Erst vor wenigen Monaten war er aus der Reha entlassen worden und versuchte wieder Fuß zu fassen. Doch seine Geschlechtsgenossen machten einen Bogen um ihn. Nur die Frommen unter den Mädchen bemitleideten ihn und gingen mit ihm um, als wäre er ein rohes Ei ...

Wieviel Einfluss hatte das Tun und Lassen der Lehrer überhaupt auf die Strömungen und Verwerfungen zwischen Jugendlichen?, dachte Winter.

Ein leiser Brummton wurde vernehmbar – für alle ein Alarmzeichen erster Güte. Jeder, außer dem pflichtschuldigen Lehrer, hielt sich die Ohren zu, denn im Sekretariat war jetzt die Rundsprechanlage on air. Fiel Ruprecht etwas ein, das gleich allen verkündet werden musste, bevor er es wieder vergaß, folgte dem Brummen ein unglaublicher Kracher. Denn bevor er zu sprechen begann, hackte er bei voll aufgedrehtem Pegel mit dem Zeige- und dem Mittelfinger seiner rechten Hand gnadenlos auf das Mikro ein. Nur so glaubte er sicher zu sein, dass seine Botschaft ankäme. War er sehr erregt, steuerte dieses Vorspiel wenig später mit einem scharfen Rückkoppelungspfeifen auf einen dramatischen Höhepunkt zu, denn Bernhard Ruprecht trat nicht nur Menschen zu nah. Wenn es Frau Berling gelang, Ruprecht im richtigen Augenblick vom Schrank zurückzureißen, hatten die Opfer des Lärmüberfalls noch einmal Glück gehabt. Ihr Dienst begann aber erst um acht.

Natürlich: Alles geschah wie immer. Ruprecht schäumte: Die Karteikarten der 6 c waren unauffindbar und sollten unverzüglich im Rektorat erscheinen.

Aha. Er hatte also seine 8 c mit einer Stillbeschäftigung abgespeist und wollte nun in aller Ruhe seine Erdkundenoten eintragen. Dann fiel ihm noch etwas ein: „Die Schüler Philipp Osterholz und Carina Schläpple kommen sofort zu mir!"

Meist endeten Chef-Durchsagen ebenfalls mit beträchtlichem Gerumpel. Ruprecht legte, ohne den Verstärker herunterzudrehen, das Mikro unsanft ab. Und je nachdem, wo es zu liegen kam, schloss sich eine scharfe Pfeif-Coda an. Oder das blöde Ding polterte zu Boden.

Nichts dergleichen geschah heute. Frau Berling war bereits auf dem Sprung. Und die Nichthörer konnten ihre Finger wieder aus den Ohren ziehen.

„Philipp, du sollst unverzüglich ins Rektorat kommen", gab Winter die Anweisung seines Chefs weiter. Philipp seufzte wie sonst nur vor der Mathearbeit, verließ seinen *Kreisauer Kreis* und ging mit schweren Schritten zur Tür hinaus. Er war seit Jahresbeginn Schulsprecher. Zu Wort kam er selten.

Diesmal dauerte es höchstens vier Minuten, und Philipp war wieder zurück.

„Ach nix", gab er auf Fragen von Franziska, Isabel und Sabrina bekannt, „wegen nachher." Dann setzte er sich wieder zu seinen Kreisauern und flüsterte ihnen zu, was ihm Ruprecht offenbar eingeschärft hatte. Dabei verdrehte er theatralisch die Augen.

„Das ist unfair", fand Franziska.

„Wie wär's", schlug Winter vor, „wenn ihr einfach weiterarbeiten und Philipp erst in der Pause ausquetschen würdet?"

„Dann ist es vielleicht schon zu spät, Herr Winter!", rief Franziska. „Stimmt's, Philipp?"

Philipp schüttelte energisch den Kopf.

„Na also!", beendete Winter das Impromptu. „Bitte macht weiter!"

„So ein Scheiß!" Alexandra zwei Tische weiter war wütend. Markus, der (immer noch) Neue, brummte beruhigend auf sie ein. Er war erst im Februar vom Fritz-Haber-Gymnasium in die August-UHU gekommen und bildete sich ein, unter einem Kulturschock zu leiden. Was dieser baumlange Kerl, er maß zwei Meter fünf, angeblich schon alles wusste und konnte! Einzig und allein die Gym-Lehrer waren so was von blöd gewesen und hatten ihn dauernd in ihre Notenfallen gelockt.

Bald war Winter sein erster Aufsatz, eine Erörterung zum Thema *Was spricht für, was gegen den Führerschein ab 17?*, zu Gesicht gekommen. Nicht nur die steile Buben-Handschrift, aus der allein er auf das Produkt eines Zehnjährigen getippt hätte, wies darauf hin, dass sich zwischen körperlichem Wachstum und Entwicklung eine tiefe Kluft auftat.

Alexandra hatte das sofort gemerkt und bemutterte ihn.

„Na, was ist denn", näherte sich Winter freundlich Alexandra und ihrem Riesenzögling.

„Männer!", schäumte Alexandra. „Warum ist der Bombenleger nicht dort geblieben und hat sich mit dem Hitler in die Luft gesprengt! Und der Markus meint noch, dass der Stauffenberg das ganz besonders schlau gemacht hat. Entweder – oder, mein' ich. Das ist doch feig. Oder?"

„Schlau und feig, gar nicht so übel", äußerte Winter. „Da gibt es ein Sprichwort im Englischen: *Man kann den Kuchen nicht aufessen und behalten.*"

„So isches!" Winter sprach Alexandra aus der Seele.

„Doch", behauptete Markus, „bei den Römern gab's Federn. – Haben wir in Latein gehabt."

„Wie meinsch des jetzt?", fragte Alexandra streng.

„Lassen wir das", intervenierte Winter. „Ist ein bisschen unappetitlich. Stimmt doch, Markus, oder?"

Markus grinste und nickte.

„Andererseits hatten die Verschwörer vom 20. Juli ja schon genaue Pläne für die Zeit nach Hitlers Tod. Und da sollte Stauffenberg eine wichtige Rolle spielen", fuhr Winter fort.

„Genau, als Führer!" Markus fühlte sich vollauf bestätigt.

„Nicht ganz", korrigierte Winter.

„Siehsch, was hab' ich g'sagt?", schloss Alexandra. „Männer!"

„Einfach gut!", rief plötzlich Franziska.

Winter wandte sich zur Scholl-Gruppe: „Was ist einfach gut?"

„Ach nix", gab Franziska Auskunft, „wegen nachher!"

„Ich hör' dauernd *nachher*", äußerte Winter seinen Unmut. „Jetzt ist aber noch *vorher*, und wir sollten ernsthaft daran denken, irgendwann mal unsere Arbeit abzuschließen und die Ergebnisse vortragen."

„Seien Sie doch nicht so streng, Herr Winter", klagte Martina. „Wir wollen auch mal Spaß haben. Es sind doch sowieso gleich Sommerferien."

„Und dann?" Winter sah Martina bedeutungsvoll an.

„Wieso, wie meinen Sie das jetzt?" Martina hielt seinem Blick stand. Seit Winter ihnen bewiesen hatte, dass Armdrücken oder Tauziehen nichts sei gegen Blickaushalten, war das zu einer sportlichen Disziplin geworden.

„Na, ich meine, auch Sommerferien gehen zu Ende. Doch was bleibt, ist das Wissen."

Endlich gab Martina auf: „Sie machen sich über uns lustig, Herr Winter. Im nächsten Schuljahr denkt keiner mehr an Widerstand."

„Da könnte was Wahres dran sein", kommentierte Veronique und lachte gequält.

„Nein", beendete Winter das Scharmützel, „so habe ich es nicht gemeint."

„Wie gemeint?" Martina war nun ganz verwirrt.

„Im nächsten Jahr ist doch Prüfung", erläuterte Veronique. „Und wer da zu einem guten Zeugnis kommen will, wird wohl kaum mehr die Oberdingsda, Entschuldigung, die Frau Oberding anmotzen."

„Ach so." Martina war erleichtert. Mit der erwähnten Klassenlehrerin hatte sie ohnehin keine Probleme.

„Also was ist jetzt: Wer trägt bei euch vor, Philipp?"

„Warum wir als Erste?"

„Warum nicht? Also wer?"

„Los, Daniel!" Marvin, Philipp und Flori waren sich völlig einig.

„Immer ich!", protestierte Daniel der Form halber und runzelte die Stirn: „Das soll einer lesen können! Der Marvin schreibt wie ein Assi, ist doch wahr! Also: Da gab es einen Kreis von Leuten, die wollten später mal die Macht übernehmen. Sie hießen der Kreisauer Kreis, weil sie sich in Kreisau getroffen haben."

„Das ist ein Ort südwestlich von Breslau in Schlesien, da wohnte auf seinem Gut der Graf Helmuth von Moltke", so glaubte Winter ergänzen zu müssen.

„Ja – und die hatten sich schon ganz genau überlegt, was alles verändert werden sollte, wenn der Hitler mal weg wäre. Die ganze Verfassung und so. Zum Beispiel das Wahlrecht: Also jeder Vater sollte für seine Kinder mitstimmen."

„Moment", unterbrach Winter, „bis zu welchem Alter?"

„Ha, bis sie volljährig sind. Und das hatten sie sich deshalb überlegt, weil sie gefunden haben, dass ein Familienoberhaupt mehr mitreden sollte als ein Single."

„Und was war mit den Frauen?", fragte Claudia.

„Also zu den Frauen haben sie nicht direkt was gesagt, hier steht jedenfalls nichts", gab Daniel Auskunft.

„Das find' ich aber ungerecht!", rief Franziska.

„Dass in diesen Texten davon nichts steht, heißt ja nicht, dass sie sich keine Gedanken darüber gemacht haben", versuchte Winter zu beschwichtigen.

„Trotzdem", beharrte Franziska. „Männer denken immer nur an sich!"

„Das wirst du auch nicht ändern", konterte Daniel. „Also: Und dass der Kreisauer Kreis wenig Erfolg hatte, das lag vor allem daran, dass sie sich nicht einigen konnten, den Hitler umzubringen. Es waren halt auch Pfarrer in der Gruppe."

„Ja, und was ist mit denen dann passiert?", wollte Markus wissen.

„Die meisten sind umgebracht worden, nach dem Attentat."

„Wie denn?", fragte Philipp.

„Bitte!", erhob Winter Einspruch, „das spielt wirklich keine Rolle."

„Ich glaub', sie wurden an Metzgerhaken aufgehängt", beantwortete Daniel Philipps Frage.

„Brutal!"

„Daniel, das versteh' ich nicht", meldete sich Isabel. „Du hast doch eben gesagt, dass sie den Hitler nicht umbringen wollten."

„Nein, die nicht! Aber das haben dann ja andere versucht. Und da die vorher schon aufgeflogen waren, war das eine gute Gelegenheit, sie gleich mitzukillen, kapiert?"

„Einfach so? Ich meine, gab's da kein Gerichtsverfahren?", empörte sich Franziska.

„Doch, das war der Volksgerichtshof mit diesem Gestörten ..."

„... du meinst Roland Freisler ...", half Winter.

„... genau. Der hat doch alle immer niedergebrüllt. Erinnerst du dich nicht an den Film, den wir letzte Woche gesehen haben?"

„Achso der!" Franziska war jetzt im Bild ...

Die Zeit rannte mal wieder davon. Warum gelang es Winter immer seltener, in einer Unterrichtsstunde sein Ziel zu erreichen? Ließ er den immer mühsamer Lesenden zu viel Zeit? Einige fuhren noch als Neuntklässler eine Textstrecke Wort für Wort mit dem Zeigefinger ab. Oder duldete er zu viele Ablenkungen? War er, wie es Martina ungewollt ausgesprochen hatte, ein allzu *milder Winter* geworden? War es seine eigene Müdigkeit, die sich auf die Schüler übertrug? Oder schaffte er es einfach nicht mehr, sie zum Suchen und Wissenwollen zu motivieren? War der Altersabstand zu groß geworden? Von seinen allerersten Neuntklässlern hatten ihn zehn Lebensjahre getrennt. Nun waren es über vier Jahrzehnte.

Als Sprecherin für die Arbeitsgruppe *Weiße Rose* drängte Franziska sich vor.

„Du sollst uns jetzt aber nicht den Inhalt des Films erzählen", wandte Winter ein. Doch wuchs gegen ihr Argument „der war aber so schön und so traurig" irgendein Kraut? Fast alle zeigten sich ergriffen. Nur Andreas guckte sehr skeptisch. (Und was machten Flori und Philipp? Versenkten die schon wieder Schiffe? Ach, belach!)

Hätte er Franziskas Erzählung abbrechen und sie gewissermaßen disqualifizieren müssen, damit wenigstens ansatzweise zur Sprache kam, was das sechste Flugblatt, das er ihnen vorgelegt hatte, enthielt? War es nicht schon viel, wenn durch Franziskas Erzählung vielleicht zwei, drei andere bewegt wurden, sich den Film anzugucken?

Auch die Ziele der Attentäter vom 20. Juli, die vorzutragen Markus gar nicht in den Sinn kam, blieben völlig im Dunklen, weil sich der Disput sofort an der Frage festfraß, ob Stauffenberg nicht wie jeder Selbstmordattentäter in der Baracke hätte bleiben sollen.

Es gongte, und Winter blieb nichts anderes übrig, als Andreas, Claudia, Sabrina und Celina auf die nächste Geschichtsstunde zu vertrösten.

Dass Celina ihr Arbeitsblatt demonstrativ zerknüllte, fand Winter konsequent. Und das heilige Klassenbuch würdigte er keines Blicks.

# 5

Im Lehrerzimmer war's stickig. Auch an den heißesten Tagen des Jahres wurde wegen der Einbruchgefahr nachts nicht gelüftet. Und es war ziemlich dunkel, denn die Jalousien blieben unten – immer. Das Lehrerzimmer war bis zur Mittagsstunde der Sonne ausgesetzt, ein Brutkasten.

Kurz vor Winter erreichte Lothar Spätzle die pädagogische Sakristei.

„Es werde Licht!", jubilierte der Gewohnheitseuphoriker, betätigte die Schalter und stimmte gleich noch mit ein in den Brummchor der Neonlampenstarter. Es flackerte in den Röhren, und die Beleuchtung stand. Nur in einer Röhre zuckte es weiter, und Armin Winter wünschte sich, sie möge schnell verenden.

Nun wurde das helle Chaos des Lehrerzimmers greifbar. Heft- und Bücherstapel türmten sich, umgeben von jeder Menge Werbepapier aus Lehr- und Lernmittelverlagen, durchsetzt von ungespülten Kaffeetassen, Gläsern, Sprudel- und Saftflaschen, angebrochenen Kekspackungen, einer Bonbonniere in Form eines Omnibusses, die tatsächlich jederzeit jedem offenstand und doch nie leer war, flottierenden Kulis und Tintenstiften, die immer mal wieder zu ihren Besitzern zurückfanden und endlich doch verschwanden. Seit Tagen mittendrin ein schiefer Bibelturm, der – das Wort Gottes hielt sich, es grenzte an ein Wunder – nicht umstürzte, sondern auf die Rückkehr von Claudia Sattler wartete. Die begleitete Friedrich Haueisen und die 10 c auf ihrer Abschlussfahrt durch die Toskana.

Auch vor Winter erhoben sich bedrohlich langgestreckte Höhenzüge: Die gesammelten Rundschreiben der Schulverwaltung, seit Monaten sträflich vernachlässigt und nun (von wem?) ihm zugeschoben. Genau wie das Zentralorgan des Ministeriums, das, wollte man Gutes an ihm finden, seit Jahrzehnten einen mittelständischen Verlag nährte. Irgendwer schob ihm auch heimlich kiloweise Wettbewerbsmaterial zu. Kein Schwein reagierte mehr auf diese Aufrufe zu fächerübergreifenden Aktionen. Winter drängte das Gebirge jeden Tag ein paar Zentimeter zurück.

Ungefragt ließ sich Lara Hoch neben ihm nieder und belangte ihn: Wollte wissen, ob er sie beim Jahresendausflug mit ihrer Klasse begleiten würde. Als Geschichts- und Ethik-Fachmann, denn sie dächte an eine *Stippvisite* in der Moschee von Pillingstätt.

„Und danach werden am Baggersee Schweinereien gegrillt?"

„Natürlich. Das haben sich meine Siebener ganz arg gewünscht!"

„Also der Chef hat mich schon zum Aktenordnen verdonnert", versuchte Winter dem Übergriff zu entgehen.

„Pech für die Akten! Wir brauchen Sie, Herr Winter! Die Akten nicht", schloss die Kollegin, die unter Schülern wegen ihrer gnadenlos positiven Lebenseinstellung *Hoch Lara* genannt wurde.

Glücklicherweise rülpste nun die Kaffeemaschine, und Winter hatte einen guten Grund, sich mit einer unklaren Zu- oder Absage aus Lara Hochs Gefilden zu entfernen, die zum Glück gerade von ihrem Liebsten, dem Referendar Hummel, angebaggert wurde. Warum konnte sie den nicht mitnehmen?

Lief nun allerdings, die Kaffeemaschine war noch nicht erreicht, dafür stracks dem Konrektor Johannes Kirchner in die Fänge, der versuchte, ihn in seine tiefgreifenden Überlegungen zum morgigen Vertretungsplan einzubinden und schließlich eine Entscheidung erwartete. Da Winter viel zu träge war, den

Phantasmagorien des KonRats zu folgen und zusehen musste, wie die Kaffeeressourcen schwanden, protestierte er einfach nicht gegen die Lösung B. Und versagte kläglich, als Kirchner, wie er es auch bei seinen Schülern tat, ihn repetieren ließ, was an Lösung B für Winter und die Klasse 8 c nicht nur geboten, sondern auch pädagogisch sinnvoll war. Lösung B war nun jedenfalls festgezurrt.

Jetzt aber endlich ran an den Kaffeerest. Da! Nur noch eine Pfütze im Glaskolben. Und kein Tröpfchen Milch. *Hoch Lara* hatte ihre Aufgabe, für ständigen Nachschub zu sorgen, sträflich vernachlässigt. Und ihn dann womöglich zum Teetrinken in die Moschee einladen! Unverschämt!

Vorsichtig balancierte er an der impulsiven Kollegin Veronika Hug vorbei, die beim Erzählen einer Begebenheit aus ihrem Unterricht – ihr passierten dauernd lustige Sachen mit Schülern – unkontrolliert gestikulierte, und setzte sich mit Bedacht neben Frieder Knecht, der in die Aufsätze seiner Fünftklässler vertieft zu sein schien.

Kaum aber saß Winter, brach Knecht seine Arbeit ab und äußerte sich ungeschminkt.

„Schau'n Sie sich die Rechtschreibfehler an! Dieses Zeug sollte man den Grundschulkolleginnen um die Ohren hauen. Und abgesehen davon: Alles, was hier steht, ist unverständlich, völlig sinnlos! Da, lesen Sie!"

Winter las nicht. Aber er nickte.

„Herr Winter", rief Frau Berling von fern, „da sind zwei Damen, die wollen was von Ihnen!"

Himmelhilf! Standen die beiden Hühner aus der 8 c schon wieder wie gestern beleidigt mit dem Klassenbuch herum und forderten ihn auf einzutragen. Dabei – Winter fraß einen Besen – entzogen sie ihm während der Stunde systematisch das heilige Buch, nur um mit Hilfe dieses unzweifelhaften Türöffners das Pausen-Treiben ihrer Lehrer zu beluchsen und dem heillosen Gekicher ihrer Mit-Puber-Tanten in der folgenden Stunde

Nahrung zu geben. Wie konnte man da dem Kaffeegenüsschen frönen! Zumal sich, je länger die beiden Grazien auf ihrem Voyeusen-Posten verharrten, Kollegenblicke tadelnd auf Winter richteten. Auch gongte es schon wieder. Die defekte Neonröhre hatte endlich ihre flackerhafte Leuchtpotenz eingebüßt.

Seinen betont lässig gekritzelten Eintrag allerdings hätte jeder unvoreingenommene Betrachter als Bauern*krüge*, statt *-kriege* gelesen und daraus geschlossen, es sei in dieser Stunde getöpfert worden. Er hatte dieses Jahr ein Experiment gewagt und die fürs achte Schuljahr vorgeschriebene Geschichtsstrecke rückwärts beschritten. Ja, darauf war er schon ein bisschen stolz, dass ihm, dem altem Geschichts-Winter, so was Revolutionäres eingefallen war. Allein aus der Irritation der Denkgewohnheiten ergaben sich ab und zu fruchtbare Momente. Mit dem Imperialismus und dem Ersten Weltkrieg hatte er also begonnen. Und *der spinnt* war immer seltener zu hören. Nun fehlte nur noch Luthers Thesenanschlag.

Die Spalte *Hausaufgaben* blieb leer. Hatte er welche gegeben? Welche?

Auch das noch: Mit einem *Denken wir daran* brach Ruprecht aus seinem Rektorat aus und ins Lehrerzimmer ein, und wie immer intonierte Stefan Zordel *auf zum letzten Gefecht* – fast so schön wie ein pensionierter Donkosake sein *Kalinka*!

*Tsunami*, kam Winter in den Sinn, als er bei der 7 c die Türklinke in der Hand hatte. Tatsächlich funktionierte das manchmal noch. Wenn man sich allerdings Tag für Tag auf die *Türklinkenpädagogik* verließ (es gab Beispiele!), war man verlassen – und wie! Nun musste er nur noch die Textstelle finden, wo das Seebeben und seine Folgen zur Sprache kamen, ohne dass der Begriff – vor einem halben Jahr in aller Munde – fiel. Das gab Stoff für eine ganze Stunde und es setzte überhaupt keine Textkenntnis voraus, zumal sich an den Tsunami vom 26. Dezember vorigen Jahres noch jeder erinnerte. Und dann war es nur noch ein Sprünglein zum pädagogisch fruchtbaren Moment, weil außerdem die Sommerferien vor der Tür standen und dieser oder jene an irgendein Meer geschleppt wurde, das man dann mit verschärfter Aufmerksamkeit überwachen konnte, wenn man in der prallen Sonne schmorte.

„Mama?"

„Ja, Kind, was ist?"

„Du, Mama, sieht das Meer nicht irgendwie ganz komisch aus? Sollten wir nicht lieber rauffahren? Nein? Aber guck doch, es sind schon fast alle abgehauen. Das ist doch nicht normal um fünf! Papa, bei McDonalds sind wir sicher!"

Du bist heute die Güte selbst, redete sich Winter zu, während er sich vor der Klasse aufbaute. David und Marc, ineinander verknäult, wurden von Norman als *schwul* bezichtigt. Thomas und Dominik zerrten an einem Mäppchen, das aber offenbar keinem von beiden, sondern Katrin gehörte, die Winter sofort als Richter anrief: Wer es ihr entwendet hatte, blieb zunächst unklar, denn sie erwähnte nur einen gewissen *Der*.

Auf Verdacht hin wandte sich Winter an Dominik und bat ihn das Mäppchen loszulassen.

„Warum ich", heulte Dominik, „ich will's ihr doch wiedergeben! Der Thomas hat's ihr weggenommen." „Also Thomas", sagte Winter ein bisschen lauter, sodass auch David und Marc voneinander abließen und, noch immer von Norman ausgelacht, an ihre Plätze schlichen.

„Das seh' ich überhaupt nicht ein", schrie Thomas, „die hat mir den Füller geklaut, und den hol' ich mir jetzt wieder!"

„Dominik und Thomas, her mit dem Mäppchen. Ich möchte jetzt mit dem Unterricht anfangen."

Dominik ließ endlich los, Thomas brachte das Mäppchen nach vorn und harrte der augenblicklichen Untersuchung.

„Setz dich, Thomas, wir klären das in der Pause, du brauchst jetzt keinen Füller."

Stephan meldete sich und ließ sich weder mit strengen Blicken noch mit Kopfschütteln abwimmeln.

Da Thomas an seinen Platz zurücktrottete und endlich Stille eintrat, sagte Winter betont freundlich: „Guten Morgen allerseits." Nun sprangen einige auf, was Winter nie von ihnen verlangt hatte, und zischten ihre trägen Nachbarn an. Die schraubten sich, als endlich der Groschen fiel, auch in die Höhe und stimmten in die Darbietung der Grußführer, die mit einer gewissen Lust an der Verballhornung des Rituals und Ausdruckkraft *guten Morgen, Herr Winter* sangen, als wär's der Anfang eines Kirchenlieds.

Kaum war der Gesang beendet und alle hatten sich wieder niedergelassen, streckte Stephan schon wieder wie wild seinen Finger.

„Also, Stephan, was ist los?", gab ihm Winter endlich das Wort.

„Ich hab' die Hausaufgaben vergessen. Aber ich möcht' dazu was sagen. Ich war krank."

„Und wann warst du krank?", fragte Winter.

„Am Donnerstag", verriet Stephan.

„Und heute haben wir Dienstag."

„Ja, schon", gab Stephan zu. „Ich hab' aber gestern Abend Michael angerufen und der hat gesagt, wir hätten nichts auf."

„Stimmt gar nicht", widersprach Michael, „ich hab nur gesagt, nix schriftlich."

„Ja, und?", erkundigte sich Winter.

„Wie kann ich dann wissen, dass wir was lesen müssen?", beharrte Stephan.

„Hast du überhaupt schon mal in das Buch reingeguckt?", fragte Winter und bereute seine Frage sofort, denn eigentlich hatte sich Stephan immer ganz gut beteiligt.

Stephan schaute ihn vorwurfsvoll an.

Nun meldete sich Jessica: „Herr Winter, ich hab's auch nicht gelesen." Nachbarin Katrin hob ebenfalls die Hand.

„Na, Katrin, du auch nicht?"

„Ich? Ha doch, ich hab's gelesen. Ich wollt' nur sagen, warum Jessica nicht konnte. Das war nämlich so: Ich hab' das Buch am Donnerstag im Schließfach gehabt und in Jessicas Buch reingeguckt; gell, so war's doch, Jessi."

„Und am Schluss hat sie's in ihren Rucksack gesteckt", ergänzte Jessica, „und ich hab' erst gestern gemerkt, dass es nicht da war. Und dann hab' ich bei Katrin angerufen, aber du warst auf dem Fest. Das stimmt doch!"

„Himmel, sind das Verwicklungen", gestand Winter, „da bräuchte man eigentlich ein Schwert."

„Ich find' das Buch langweilig!", rief Norman.

„Ach, hast du also auch nichts gelesen?", fragte Winter.

„Doch", beteuerte Norman, „aber es ist überhaupt nicht spannend – es ist zum Gähnen – uuuuuaaaaa."

„Na", griff Winter den Impuls auf, als sich das Gelächter wieder einigermaßen gelegt hatte, „dann schau'n wir mal, ob du die Stelle, die ich euch jetzt vorlesen werde, auch langweilig findest."

„Geil!", rief Helena. „Wenn Sie vorlesen, wird's immer spannend."

„Dann sollten jetzt aber auch alle ihre Aktivitäten einstellen. Gib mir dein Buch, Stephan! Und sagt mir schnell, wo die Katastrophe anfängt."

Jenny hatte die Stelle natürlich als Erste: „Seite 130!"

„Mit einem Male war die Luft um mich her dicht geworden", begann Winter mit leiser, unheilschwangerer Stimme, als würde er gleich die Jahresnoten verlesen. „Ich hörte einen leisen ziehenden Laut, als saugte ein riesiges Tier nach und nach die ganze Luft durch die Zähne."

„Da kommt ein Tsunami", stellte Norman fest.

Winter fasste Norman scharf ins Auge.

„Oder nicht?", fragte Norman.

„Du sollst jetzt deinen Mund halten und zuhören."

Norman verdrehte die Augen und schob absichtlich – Winter sah es genau – sein Mäppchen über die Tischkante.

„Blödmann, blöder!", rief Helena, als das Mäppchen unten ankam und sich eines Teils seiner Ladung entledigte.

„Norman, raus!", rief Thomas.

„Hört jetzt auf!", rief Jessica. „Wo es grad so spannend wird!"

„Schleimi!", äußerte Jan.

„Ich muss nicht vorlesen", drohte Winter. „Ich könnte auch sagen: Lest die nächsten drei Seiten und schreibt eine Inhaltsangabe!"

„Gibt das Noten?", erkundigte sich Thomas.

„Die Notenkonferenz war doch schon", warf Dominik ein.

„Ist nicht wahr, die ist heut' Mittag", stellte Stephan klar.

„Nach einer langen Mittagspause", ergänzte Winter, „mit viel Zeit zum Rechnen. Ich fange am besten noch mal von vorne an: Mit einem Mal war die Luft um mich her dicht geworden. Ich hörte einen leisen ziehenden Laut, als saugte ein riesiges Tier nach und nach die ganze Luft durch die Zähne. Verdammt, Norman, lass dein Zeug liegen!"

„Und dann fehlt nachher die Hälfte", insistierte Norman.

„Norman, raus!!", brüllte Winter.

Widerwillig kroch Norman unter seinem Tisch hervor, warf seinen grinsenden Nachbarn böse Blicke zu und verließ erhobenen Hauptes das Klassenzimmer.

Die Tür schloss sich mit einem lauten Knall. Jessica stöhnte auf und schenkte Winter einen einverständigen Blick. Dem gelang es, weitere Zornregungen zu unterdrücken und seinen Dienst am literarischen Seebeben wieder aufzunehmen:

„Das Dröhnen kam näher aus einem blanken Himmel und erfüllte meine Ohren."

Im Zimmerlautsprecher, mit der Anlage im Sekretariat verbunden, rumpelte es. Winter unterbrach seinen Vortrag und legte das Buch auf den Tisch, denn nun kam gleich *eine wichtige Durchsage.*

Jemand klopfte etwas weniger heftig, als man es von Ruprecht gewöhnt war, ans Mikrofon und fragte: „Isch es an?" Winter erkannte sie sofort, die Stimme des ehemaligen Schulsprechers (jetzt fiel ihm auch sein Nick-Name wieder ein: *Ruckel*) und hätte drauf wetten können, dass gleich was ganz Blödes passierte, wie bei Ruben Möckel zu erwarten.

Und ob: Eine Ami-Polizeisirene heulte los.

„Alaaaarm!", jaulte Dominik.

Einige sprangen auf, Winter versuchte, sie mit seinen großen Händen niederzuwedeln. Noch bevor die ersten Siebtklässler flüchtig werden konnten, brach die Sirene ab und Ruckel verkündete sein Evangelium: die ausgeprüften Zehntklässler hätten soeben die Schule besetzt und wollten jetzt, mit Billigung von Herrn Ruprecht, einen draufmachen. „Sofort alle in die Aula – auch die Lehrer!", befahl Ruckel.

Die Ersten sprangen auf, doch da rappelte es nochmal im Lautsprecher, und Ruprecht fügte hinzu: „Alle Lehrkräfte kommen zu einer kurzen Dienstbesprechung ins Lehrerzimmer. Und denken Sie daran – die Klassenbücher!"

Das war nicht nur höhere, sondern allerhöchste Gewalt. Und so sahen es die Siebtklässler auch. Sie ließen Winter mit seiner Seebeberei einfach stehen und ihre Siebensachen auch.

Nur Stephan packte bedächtig ein.

Winter setzte sich zum Klassenbuch und schrieb in die Spalte „Unterrichtsgegenstand" *vgbl. Versuch, ein Tsunami-Erlebnis zu vermitteln* und in die Spalte Bemerkungen *Eintrag: Norman stört massiv*. Damit dieser Eintrag so schwer wog, wie Winter es wollte, hatte er ihn rot zu unterstreichen. Doch fehlte ihm, am achten Tag vor seiner Ausschulung, sogar der vorgeschriebene Stift.

„Sag mal", sprach er den gerade fertig gewordenen Stephan an, „könntest du so nett sein und mir einen Rotstift leihen?"

Stephan seufzte kaum vernehmbar und packte seinen Schulrucksack wieder aus, bis sein Mäppchen zu Tage kam. Es war überraschenderweise ein sogenanntes Schlampermäppchen, in dem Stephan nun zu kramen begann wie – landläufig – viele Frauen in ihren übervollen Rucksäcken oder Handtaschen. Schließlich gab er die Zufallssuche auf und leerte den gesamten Inhalt auf den Tisch. Dabei stellte sich heraus, auch er verfügte nur über einen magentafarbenen Feinschreiber, den er seinem Lehrer aber gern zur Verfügung stellte.

Winter war vom außerordentlichen Einsatz eines seiner Lieblingsschüler, wie er sich nun endlich eingestand, ganz gerührt, bedankte sich und unterstrich seinen Eintrag in der einstigen Farbe Erik Zabels und Jan Ullrichs.

„Da hätte ich noch eine Frage", richtete Stephan unvermittelt das Wort an ihn.

„Aber bitte", nahm Winter das Gesprächsangebot freudig an.

„Ich hab nochmal die nächsten drei Seiten überflogen: Da kann doch jeder, der's gelesen hat, sich vor einem Tsunami in Sicherheit bringen."

„Genau, genau das wollte ich euch demonstrieren!", jubelte Winter.

„Also ich weiß es jetzt", schloss Stephan, und packte seine Siebensachen wieder in seinen Schulrucksack.

So einen Menschen zum Sohn gehabt zu haben, dachte Winter, und hätte am liebsten den Wuschelkopf zwischen die arthritischen Hände genommen und einem seiner ausdrucksvollen Augen (dem linken, dem rechten mit dem roten Pupillenfleck?) den Hauch eines (schulmeisterlichen? väterlichen?) Kusses zugefügt, und dieser Junge hätte es sich gefallen lassen und nicht gleich *Päderast* und *Mordio* gebrüllt.

„Also, tschüss dann", verabschiedete sich Stephan, verließ mit Sack und Pack das Zimmer und ließ, wie alle anderen, die Tür ins Schloss knallen.

# 6

„Also: Heute findet der Zehntklässlerstreich wieder früher statt, wie früher", erklärte Ruprecht seinen Kollegen gerade die Lage, als Winter das Lehrerzimmer betrat. „Ich habe", unterbrach er sich, als er das Eintreffen des Nachzüglers registrierte, „gerade gesagt, dass wir dieses Jahr, so wie wir's früher gehalten haben, den Schulstreich der Zehntklässler schon für die zweite Stunde in den Unterricht eingeplant haben."

Er machte eine kleine Pause.

Das Gurgeln der Kaffeemaschine, die Rainer Fromut in Gang gesetzt hatte, unterstrich seine Worte.

„Una tazza da caffè per Voi, Chef?", fragte Rainer Fromut, schaltete das Gerät ab und goss sich und seiner Sportkollegin Friederike Kühlwein, der „armen Sau", wie er sie hinter ihrem Rücken zu nennen pflegte, ein.

„Danke, jetzt nicht, Rainer, ich muss das hier schnell zu Ende bringen, ich erwarte einen Anruf vom Schulamt." Er verfolgte, als sähe er sie zum ersten Mal, die Prozedur des Kaffeeausschenkens.

„Im letzten Jahr", fuhr er schließlich fort, „als wir damit erst in der vierten Stunde angefangen haben, ist uns die Hälfte der Schüler entwischt. Die sind einfach heimgegangen oder besser, haben sich rumgetrieben, und das macht einfach ein schlechtes Bild."

„Ganz abgesehen von eventuellen Problemen wegen der verletzten Aufsichtspflicht", fiel der KonRat Ruprecht ins Wort.

„Danke, Herr Kirchner. Ich habe den Klassensprechern der Zehnten und auch den beiden Schulsprechern Philipp Osterholz und Carina Schläpple gesagt, dass sie nach der Großen Pause, also um 10.15 Uhr, fertig sein müssen mit ihrem Programm, und ich gehe davon aus, dass die sich dran halten."

Ich nicht, dachte Winter. *Der Besuch der alten Dame* würde sich zu einer Stippvisite verkürzen. Oder fiel ganz ins Wasser. Denn dass die Schüler, einmal in Fahrt, sich ausgerechnet beim Schulstreich an irgendwelche blöden Vereinbarungen hielten, das glaubte doch keiner, zum Mindesten kein alter Hase wie er.

„Programm?", warf Frieder Knecht ein, „dieses tierische Gebrüll, das man da von unten hört, ist es *das*?"

„Herr Knecht", beschwichtigte Ruprecht, „wir waren auch mal jung – oder Sie nicht?"

„Aber wir haben uns was einfallen lassen und nicht bloß Wummerboxen aufgedreht. Wir haben Spottlieder gereimt. Hexameter. An denen hat alles gestimmt."

„Auf wen denn, Frieder?", erkundigte sich Veronika Hug.

„Na, auf unsere Lehrer natürlich. Aber die da unten, die jetzt rumtoben wie in der schlimmsten Haschdisko, die haben für uns sowieso nur noch Fäkalwörter übrig."

„Wenn wir den Abgängern Gelegenheit geben", schaltete sich KonRat Kirchner wieder ein, „hier im geschlossenen Schulraum, gewissermaßen von uns kontrolliert, die Sau rauszulassen, ist das besser, als wenn sie nachts losziehn und Lehrerautos anzünden – alles schließlich schon vorgekommen."

„Halt, halt, Herr Kirchner, von Sau rauslassen kann natürlich keine Rede sein", widersprach Ruprecht. „Und übrigens, Herr Knecht, wo leben wir denn? Waren Sie je in einer Disko?"

„Ich habe mich gehütet und werde mich hüten."

„Wir können, will ich damit sagen, doch nicht die Augen verschließen vor der Lebenswirklichkeit unserer Schüler, und die ist – wie sie ist."

„Armes Deutschland!", schimpfte Knecht.

„Ja, dann müssen Sie halt nach Namibia gehen! Dort sind die Leute deutscher als deutsch! Nein, aber im Ernst, zur Sache: Punkt 10.15 Uhr, zu Beginn der vierten Stunde nehmen Sie Ihren Unterricht wieder auf. Und ich habe noch eine dringende Bitte. Die Schüler, bzw. deren Mütter, haben Kuchen gebacken und wollen die Lehrer bewirten. Also sitzen Sie nicht, wenn wir hier fertig sind, im Lehrerzimmer herum. Gehen Sie runter."

Kurt Reiss streckte den Finger.

„Ja, bitte, Herr Reiss!"

„Ich muss um Verständnis bitten, Herr Ruprecht. Seit meinem Hörsturz vertrage ich solche Töne nicht mehr."

„Gut, Sie bleiben und sortieren Prüfungsarbeiten ein. Aber sonst hat, glaube ich, niemand irgendwelche Gründe."

„Und du kommst auch?", fragte Stefan Zordel.

„Wenn ich fertig bin mit der Frau Wunderlich, die ruft an wegen der Teilung der beiden Sechsten im nächsten Schuljahr – und mit ein paar anderen Sachen, die sich auch nicht in Luft auflösen, bin ich dabei", beschied Ruprecht und leitete seinen Rückzug ins Rektorat ein.

„Dieser Frau Sonderbar tät' ich nicht mal einen Gebrauchtwagen abkaufen", trompetete Peter Tamm. „Die Frau ist so was von falsch!"

„Das überhören wir jetzt einfach, Herr Tamm," – Ruprecht grinste gequält – „und Ihre Personalakte, die vergessen wir auch."

„Eine Frage noch", rief ihm Winter hinterher, „was treiben eigentlich Michael Hufschmied und der Möckel in unserer Schule?"

Ruprecht wandte sich noch einmal um: „Die stellen die Anlage. Ist doch sozial, wenn Michael und sein Kumpel ihr gesamtes Equipment kostenlos zur Verfügung stellen. Meines Wissens ist der Ruckel in seiner Freizeit Discjockey."

„Und sonst sind die zwei Schüler im TG. Da schwänzen sie heute den Unterricht, wetten dass?", mutmaßte Knecht.

„Knapp daneben, Herr Knecht, sie haben frei bekommen, wegen unserer schulischen Veranstaltung."

„Die lügen wie gedruckt. Immer schon."

„Sie können ja im TG nachfragen, Herr Knecht. Aber dann bitte auf Ihre eigenen Kosten, oder haben Sie kein Handy?"

„Da muss ich nicht nachfragen, das weiß ich!", rief Knecht Ruprecht noch nach, der nun entschlossen seinem Dienstzimmer zustrebte.

Am Karteikasten entstand ein kleines Gerangel. Winter gelang es gerade noch, Jens Hollerbach die Karten der Klasse 7 c vor der Nase wegzuschnappen.

„Haben *Sie* jetzt die 9 c?", kiekste Friederike Kühlwein. „Ich brauche die 9 c", teilte sie allen mit.

„Moment", schaltete sich KonRat Kirchner ein. „Bevor Sie hier anfangen, Ihre Noten einzutragen, möchte ich Sie daran erinnern, dass wir alle eine Aufsichtspflicht haben. Da unten tobt die Anarchie, und wir setzen uns gemütlich hin und holen nach, was bis gestern zwölf Uhr schon hätte passieren müssen. Das können Sie jetzt nicht bringen!"

„Mach dich nicht unbeliebt, Jonny", rief Stefan Zordel. „Geh einfach schon runter, wir kommen nach."

„Das ist, Stefan – wie soll ich sagen – nicht schön von dir."

„Es ist eine Befehlsverweigerung", frohlockte Frieder Knecht. „Dafür hat man beim Bund eine Diszi bekommen."

„Also, Kollege Knecht, wir sind hier nicht beim Bund, und ich erteile auch keine Befehle, ich appelliere nur an Ihr Verantwortungsgefühl", stellte Kirchner gekränkt klar.

„Nun, dann ist ja alles in Ordnung", schloss Zordel. „Wo sind die Karten von meiner 8 b? Ich muss jetzt endlich wissen, ob mein Risikospezialist Maik Timmel es wieder mit Ach und Krach geschafft hat oder ob wir ihm endlich das One-Way-Ticket für die Hauptschule ausstellen können."

„Nein, nicht schon wieder!", rief Lothar Spätzle. „Wenn der Timmel bleibt, lass' ich mich versetzen. Oder ihr könnt noch vor Weihnachten mein Grab schaufeln."

Winter barg die erbeuteten Karteikarten unter der Jacke, zog sein Notenbuch aus dem Pilotenkoffer und verließ das Lehrerzimmer. Ein Stift würde sich im Computerraum schon finden. Den Teufel würde er tun und sich in seiner Hohlstunde, die jetzt bald anfing, diesem infernalischen Lärm in der Aula aussetzen. Von dort zuckten die ersten Blitze, Nebel stieg auf. Und alles überschrie Ruckels Stimme: „Wollt ihr den totalen Kick!?"

Das Ergebnis war Gejohle, akzentuiert von einzelnen Lustschreien.

„Wollt ihr ihn totaler, als ihr ihn euch bisher vorstellen konntet?"

Der Einpeitscher war mit der Reaktion seines Publikums noch immer nicht zufrieden. „Ich hör' nix!!", schrie er. „Wollt ihr ..."

Immerhin, dachte Winter, nicht zu vergleichen mit dem Gebrüll der Volksgenossen im Sportpalast 1943. Irgendwas macht der Junge zum Glück noch total falsch.

Die Schlüsselgewalt über den Computerraum besaßen außer Winter noch Ruprecht, Kirchner und die Kollegin Sylvia Oberding, die sich das uferlose Amt der Systemadministratorin hatte aufbürden lassen.

Seit immer mehr Kolleginnen und Kollegen meinten, sie müssten ihre Schüler auch ins Netz gehen lassen, wo sie dann Unfug trieben, war Sylvia Oberding den lieben langen Tag (und oft noch in Nachtschichten – sie allein hatte dem Hausmeister einen Schlüssel für das legendäre Vorhängeschloss abgetrotzt) am Einrichten, Konfigurieren und Reparieren. Derweil geilte sie sich in Mathe immer mehr an jedem fehlenden Komma auf, was ihr eine Art schauderhafte Anerkennung einbrachte – ja, es gab nicht wenige, die sich noch Jahre nach ihrem Abgang erinnerten, dass man bei der *Oberdingsda* wenigstens was gelernt habe.

„Bloß was?", fragte gelegentlich Stefan Zordel, der Englisch und Deutsch gab, es aber nicht so genau nahm mit den Regeln der Orthographie und im Chaos der Rechtschreibreformen seinen Schülern ohnehin ‚Komma frei!' gestattete.

Vor der Tür des Computerraums sah sich Winter um, angelte den Schlüsselbund aus der rechten Hosentasche und schloss die Tür auf. Sie dann aufzustemmen, erforderte eigentlich einen ganzen Mann. Sollte mit ihrer Schwergängigkeit auch der Zugang zum Internet erschwert werden? Gegen diese Annahme sprach, dass sich die Türen der Technik-Räume und der Küche ebenso sperrten. Tobias Krasser, der Hausmeister, war allerdings ca. 140 Kilo schwer und ein Kraftpaket, der brauchte sich nur leicht anzulehnen.

Mühselig drückte Winter die Tür auf und fast der Kollegin Oberding ins Kreuz.

„Kommen Sie nur rein, irgendwo braucht der Mensch eine Zuflucht", lud sie ihn mit ihrer unnachahmlich kühlen Stimme ein, mit der sie sich vor allem ihre Schüler vom (nicht allzu kräftig gebauten) Leib hielt. Sie saß schon vor dem Bildschirm des Lehrercomputers und wandte sich nicht um, denn es konnte eigentlich nur ein Schulleitungsmitglied sein (ja, Winter gehörte als dienstältester Lehrer ungefragt auch dazu). Und was tat sie? Meine Güte, er sah es genau, sie spielte seelenruhig Solitär, während unten die zu beaufsichtigende Anarchie, ach was, eine DJ-Diktatur, tobte.

Winter glaubte, er sei ihr eine Erklärung schuldig: „Ich hatte noch einen schwierigen Fall. Deshalb kann ich erst jetzt die Deutsch-Noten der 7 c eintragen. Allerdings fehlt mir was."

„Darf ich raten? – ein Stift", schloss Sylvia Oberding haarscharf und reichte ihm ihr edles Mont-Blanc-Teil. „Ich habe vorhin auch über meiner 9 a gebrütet. Tatsächlich haben es meine Weiber wieder geschafft."

Winter war im Bilde: „Sie meinen Celina, Diana und Linda."

„Genau. Und es ärgert mich furchtbar, dass die mit ihrer Masche jedes Jahr am Ende die lieben Kollegen rumkriegen."

„Na, ich weiß nicht", wiegelte Winter ab, „kann man das so sagen? Und wenn, dann beweisen die Damen, dass sie wissen, wie's wo lang geht im Leben. Also, was meine Deutschnoten angeht – die drei haben ihr *Ausreichend* schon irgendwie verdient. Aber abgesehen davon: Ich habe noch nie einem Kind im Zeugnis eine Fünf gegeben. Aus Prinzip. Denn wenn es *mich* verstehen und sich dazu äußern konnte, war das, gemessen an allem, was ihm sonst mit An-Sprüchen über den Weg lief, mindestens ausreichend."

„Solche philosophischen Betrachtungen über das Notensystem kann ich mir in Mathe nicht leisten", konterte Oberding mit einem etwas schrillen Auflachen. „Wenn zwei mal drei nach Meinung eines Schülers fünf ist, dann ist das eine Sechs. Punktum. Aber es geht bei diesen drei Damen auch gar nicht allein um die Deutschnoten. Selbst wenn sie da Fünfen hätten, wären sie mit ihren Religions- und Kunst- und Musik-Einsern oder -Zweiern über die Deadline gehuscht."

„Linda singt aber wirklich saugut", fand Winter. „Was sie uns bei der letzten Abschlussfeier geboten hat, das ging schon in Richtung – na, ich will nicht zu hoch greifen –, sagen wir in Richtung Nena."

„Ist das die mit ein bisschen Friede, Freude, Eierkuchen?"

„Nein, ich meine die mit den hunderttausend Luftballons, die gerade ihr Comeback versucht."

„Ach die", gähnte Oberding. „Und Celina malt anscheinend wie die Modersohn-Becker. Wohingegen Diana in Religion, nach Claudia Sattlers Hymnen, ein wahres Wunder an Tiefsinn und transzendentaler Feinfühligkeit ist, was zu nix führen kann als zu 'ner Eins. Dabei kennt die, wette ich, von den zehn Geboten höchstens das sechste, weil sie es täglich übertritt. Na gut, sie ist ja fast volljährig."

„Vielleicht bescheinigt ihr die Kollegin Sattler ihren wunderbaren Sinn für Liebesdienste am Mann", warf Winter ein. „So, wie sie sich bei Hämpel, unserem letzten Referendar, ins Zeug gelegt hat."

„Sagen Sie lieber, *an sein Zeug*, dann stimmt's. Und der arme Kerl ist jetzt wahrscheinlich Würstchenverkäufer oder Lehrmittelreferent und schwätzt den Kollegen im Schwäbischen die allerneuesten pädagogischen Soft-Toys auf."

„Selber schuld", entschied Winter, „ein Lehrkörper darf sich von einem oder einer Minderjährigen nicht umlegen lassen und die Nächte in Discos abtanzen statt sich vorzubereiten. Aber eigentlich könnte man in so 'nem Fall die Eltern in Haftung nehmen. Für andere Fehltritte ihrer Minderjährigen müssen sie schließlich auch geradestehen. Für solche Art von Existenzberaubung müsste nur die Prämie ein wenig erhöht werden."

„Da wären Sie aber bestimmt der sprichwörtliche Rufer in der Wüste. Dianas Vater hält sein Töchterlein für die Unschuld vom Lande. Und auch ihn hat wahrscheinlich seine Angetraute vor den Altar gezerrt, nachdem sie ihm eingeredet hatte, er hätte sie verführt."

„So sieht der Gute auch aus – so was von einer Schlafmütze ist mir schon lang nicht mehr begegnet. Was macht der eigentlich beruflich?", fragte Winter.

„So viel ich weiß, arbeitet er im Bettenhaus Zipfel."

„Das ist jetzt kein Witz? Als Einschläfer?"

„Also, ich weiß nicht", konterte Oberding, „ob es im Bettenhaus Zipfel außer Kissen- hin und wieder atemberaubende Rabattschlachten gibt, aber ein ruhiger Job ist *das* bestimmt. Seine Frau war übrigens Azubi im Bettenhaus Zipfel."

„Sieh an, da hat ja alles zusammengepasst."

Im Lautsprecher knackte und rappelte es eine Weile, dann meldete sich Ruprecht: „Frau Oberding, kommen Sie bitte ins Rektorat."

„Nein, nicht schon wieder!", protestierte die Ausgerufene. „Ich wette, er hat schon wieder sein Notebook zum Absturz gebracht. Der hat für so was ein Händchen wie ein Elefant. Das ist seit Anfang letzter Woche schon das dritte Mal, dass ich ihm alles wieder neu einrichten darf."

„Will er nicht oder kann er's nicht?"

„Ich glaube, er meint, auch die Programme müssen sich nach ihm richten."

„Tja, dann ist ihm kaum zu helfen. Trotzdem viel Erfolg! Und verpfeifen Sie mich nicht!"

„Soll ich Sie einschließen?", fragte Sylvia Oberding.

„Ja, gern. Und ich hoffe, dass ich wenigstens eine halbe Stunde in Ruhe arbeiten kann."

„Viel Glück dabei, aber hoffentlich kommt Herr Kirchner nicht auch auf die naheliegende Idee."

„Der musste ja als Erster in den Orkus hinab, sonst hätte ihm Ruprecht seine Rute gezeigt", flüsterte Winter und hielt nun seiner Kollegin die Tür auf. Von gegenüber, der Küche, duftete es verlockend. Wie hatte es Veronika Hug hingekriegt, trotz Diktatur und Terror in der Aula in aller Ruhe ihr Notenkochen für ein paar Nachzügler durchzuziehen? *Die* Frau kümmerte sich um alles und jeden und hatte sich in den letzten Jahren zu einer Art Mutter der Kompanie gemausert, vor der sogar Ruprecht auf die Knie ging, wenn die Bewirtung der Kollegen aus der englischen oder der italienischen Partnerschule anstand oder das alljährliche Prüfungsbuffet.

Nun also die 7 c, ein Urteil nach dem anderen. Am Anfang, als diese Siebtklässler ihm zugeteilt wurden, kamen sie ihm vor wie die Lämmlein. Nach zwei Jahren der *Knecht*schaft des Kollegen mit den festen Grundsätzen endlich entronnen, boten sie ihm ihre gesenkten Häupter gewissermaßen zu neuen Nackenschlägen, bis sie allmählich herausfanden, dass man sich bei Winter nicht nur viel mehr, sondern fast alles erlauben konnte.

Bis auf drei oder vier, mit denen Arbeit auf kreativem, phantasievollem und weitgehend repressionsfreiem Grund (aber dann bitte ohne den lähmenden Rest) möglich gewesen wäre, wurden mit den Wochen und Monaten immer mehr dieser Pubertierenden zu sturen Böckchen, und am Ende herrschte (trotz sommerlicher Temperaturen) das raue Klima fast-offenen Widerstands, den zu brechen auch seinem Nachfolger nur schwer gelingen würde. An dieser Herausforderung, die er erst spät erkannte, war er gescheitert. Und wäre er nicht schon zu Beginn des Schuljahrs entschlossen gewesen, eine Runde auszusetzen – diese Klasse hätte ihn in einem weiteren Jahr (denn vermutlich hätte er sie behalten müssen) geschafft. Weder unangekündigte Tests zu Hausaufgaben noch das relativ sorgfältige Führen einer Strichliste mit Notenergebnissen hatten Eindruck gemacht – vielleicht, weil sie spätestens bei der Halbjahresinformation gemerkt hatten, dass die mitverrechneten Sechser immer noch zu, wenn auch schlechten, Vierern führten. Aber, meine Güte, sah man den Noten am Jahresende ihre Schlechtigkeit an? Im Jahr zuvor waren das alles knallrote Fünfer gewesen. Wohlmeinende Kollegen hatten ihn gewarnt und aufgefordert, im eigenen und im Interesse der Schüler endlich durchzugreifen wie Knecht/Ruprecht – vergeblich.

Wäre er jetzt nicht gegangen, wären die noch fauler geworden – dank Winters bequemer Deutschnoten-Philosophie. Die würden, ganz egal, wen sie in der Achten kriegten, ihm noch Tränen nachweinen – diese blöden Hammel und Ziegen.

Die neue Kollegin, im besten Lehrerinnenalter von etwa fünfunddreißig Jahren – er hatte ihren Namen nur einmal in der Konferenz gehört und gleich wieder vergessen, doch ihr zu allem entschlossenes Gesicht stand ihm vor Augen – würde ihnen sofort zeigen, wo der Hammer hing.

Für rachsüchtig hielt sich Winter nicht. Aber dass Katrin es dank den Fünfern in Englisch und in Bio und den weiteren

Vierern (bei Gott! in Religion stand ja auch noch eine Fünf!) nicht geschafft hatte und sitzenblieb, das erfüllte ihn mit einer gewissen Befriedigung. Oder würde Hollerbach in der Konferenz den Antrag stellen, sie auf Probe zu versetzen? Nein, der würde sich hüten, dieses Frauenzimmer mitzuschleppen – schließlich blieb er Klassenlehrer. Dagegen Jenny: Bekam natürlich überall und als Einzige in Deutsch eine Zwei, wenngleich auch diese einen leichten Hautgout (2,3) hatte.

Jan und Norman würden wohl in die Hauptschule komplimentiert, während weitere drei, deren Notenbild nicht ganz so trübe aussah, sich Katrin anschließen dürften.

Jemand bollerte gegen die Tür. Winter blieb gelassen. Das passierte auch während des Unterrichts, und bis man die blöde Tür aufgezerrt hatte, war der Täter verschwunden und lachte sich (vielleicht in einem Schrank) krank. Diesmal allerdings hatte der Bollerer auch einen Schlüssel. Fahndete Ruprecht nach ihm, sollte ihn Hausmeister Krasser an seine Aufsichtspflicht in der Hölle erinnern?

Die Tür stieß von hinten hart an seinen Stuhl, und überraschenderweise steckte Rolf Treutsch den Kopf herein. Er entschuldigte sich gleich, als er Winter sah, für den versehentlichen Stoß mit der Tür und fragte, ob es ihn stören würde, wenn er der Schul-Homepage die letzten News hinzufügte. „Wenn man so klein ist wie ich, muss man mit so 'ner Tür Tacheles reden", schob er als Erklärung für seine ungebührliche Annäherung nach.

„Nur zu", ermunterte ihn Winter. „Was gibt's denn für News?"

„Tja, vor allem, dass die Tage gezählt sind und die Ferien kommen."

„Aber das weiß doch jeder."

„Viele glauben's aber nur, wenn sie's im Internet lesen."

„Ich wusste gar nicht, dass Sie auch einen Schlüssel haben."

„Ich habe", klagte Treutsch, „drei Jahre lang darum gekämpft. Bis es mir zu blöd war, immer einem Schlüsselmachthaber hinterherzurennen und ihn anzubetteln. Am ersten Tag dieses Schuljahrs bin ich in meiner Freistunde mit einem ausgeliehenen Schlüssel zu einem etwas zweifelhaften Schlüsseldienst gefahren, habe dem Macker fünfzig Euro unter die Nase gehalten, und seitdem geht's mir besser. Sogar meine Freundin meint, das sei die zweitbeste Entscheidung meines Lebens gewesen. Seitdem vertraut sie mir sogar ihre Zimmerpflanzen an, wenn sie zu 'nem Kongress nach Singapur fliegt."

„Und?"

„Ich verstehe nicht?"

„Haben die Zimmerpflanzen von Ihrer 50-Euro-Investition profitiert?"

„Es klingt für jeden Außenstehenden lächerlich, ich weiß. Aber was mir vorher durch diese Kleinigkeit an Lebensfreude und Schaffenskraft und positiver Ausstrahlung verloren ging, kann sich niemand vorstellen. Sie sind aber erst der Zweite, dem ich das erzähle. Und den Schlüssel gebe ich nicht ab, sondern nehme ihn einfach mit. Vielleicht rahme ich ihn mir ein und hänge ihn in meinem Arbeitszimmer auf – als Zeichen dafür, dass Veränderungen möglich sind – wenn nicht legal, dann eben halbillegal."

„Was, Sie gehen auch?" Winter war es neu, dass der junge Kollege das Weite suchte.

„Ach so. Ich habe das nicht an die große Glocke gehängt, so lange ich nicht wusste, ob es wirklich klappt. Ja, an meine erste Schule in Holzach. Damals wollte ich fort, weil ich blöd war und gedacht hab', man muss auch mal über den Tellerrand gucken. Vielleicht ging es mir dort zu gut."

„Also ich bin ja auch nicht in dieser Schule geboren", bekannte Winter, „und bin gern aus meiner ersten Schule ausgewandert. Als ich, warten Sie, vor dreiundzwanzig Jahren hier anfing, kam es mir in Täschnersheim vor wie in der tiefsten pädagogischen Provinz – paradiesisch. Inzwischen hat aber auch dieser Garten Eden seine Unschuld verloren. Damals stand die Schule noch unter hundertjährigen Ahörnern, und im angrenzenden Tiergehege sagten uns weitere Gehörnte – Rehbock und Hirsch – guten Morgen. Inzwischen sind die Bäume gefällt, und das zahme Wild ist gegessen. Selbst die rauchenden Neunt- und Zehntklässler haben ihre liebe Not, Deckung zu finden, weil unser Tobi Krasser ein überzeugter Freeroder ist und freies Schussfeld schafft, wo immer er nur kann."

„Die Schüler sind's ja gar nicht", seufzte Treutsch, „es ist die lange, lange Leitung. Um jede Kleinigkeit muss man kämpfen, wenn man nicht wie ein Limbo-Akrobat sich unter ihr hindurchwinden will, bildlich gesprochen. Und die Kollegen – ich muss gestehen, es sind vor allem die jungen – haben keine Lust, sich mehr als gerade nötig einzubringen. Der eine wird zum zweiten Mal Vater, der andere hat, auch wenn er Englisch gibt, seinen Hausbau im Sinn, und der Dritte war sowieso nie richtig hier, weil er gleich am Anfang einen Versetzungsantrag gestellt hat. Von den älteren Kollegen kann man ebenfalls nicht viel erben, denn die hüten ihre Höfe und wollen bloß noch in Ruhe gelassen werden. Nein, so kann und will ich nicht arbeiten."

„Und das alles ist in Holzach besser?"

„Es war jedenfalls besser, und ich hoffe, dass ich mit den Kollegen, mit denen ich damals angefangen habe, wieder gut zusammenarbeiten kann.

„Na, ich hoffe, dass Ihre Wünsche in Erfüllung gehen."

„Nach Täschnersheim zurück komme ich jedenfalls nicht."

„So schlimm war's? Ach, das tut mir leid. Am Anfang haben wir ja ab und zu Arbeitsblätter getauscht. Das fand ich damals ganz gut", log Winter.

In Wahrheit hatte er die Quellenblätter für Treutschs Geschichtsstunden immer für viel zu fleißig, umfangreich und kompliziert gehalten. Er geriet mit dem Stoff auf diese Weise gnadenlos in Rückstand und bildete nur Inselchen in den

Köpfen seiner Schüler, die vermutlich auch noch flach blieben und schnell überflutet wurden, denn was konnten leseunwillige Schüler mit solchen Texten anfangen?

Dem Quellenreichtum des jungen Kollegen hatte Winter nichts Äquivalentes zu bieten. So war das zarte Pflänzchen einer Zusammenarbeit bald verkümmert.

Treutschs Materialschlacht war das Gegenstück des Buchunterrichts, den einst, 35 Jahre war das her (und heute dachte er schon zum zweiten Mal an diese Flasche), Herbert Armbruster gepflegt hatte. Mit dem immer gleichen Ablauf: „Schlagt das Buch auf – Seite 37 – Walter, lies den ersten Abschnitt laut vor." Dann wurde mit immer denselben zwei, drei Schülern über diesen Abschnitt gesprochen – die anderen versenkten sich derweil in Stadt-Land-Fluss, Schiffeversenken, Englischvokabeln oder Matheaufgaben, sodass das Privatissimum des Lehrers mit seinen Schätzchen skandiert wurde von einem halblaut hervorgestoßenen „A!" oder „Halt!", den Planquadratangaben der Marinestrategen, englischem Gemurmel und unterdrückten Schreien der Erkenntnis. Wenn Armbruster sich in seinem beschaulichen Gespräch zu sehr gestört sah, wurde er kurz ungemütlich und verteilte Strafarbeiten – Abschreiben ganzer Buchseiten. Über diese Abschriften führte er Listen und nahm sie in Empfang, aber er schenkte ihnen nicht einen Blick. Und da er sie am Ende des Schuljahres wieder austeilen ließ, wurden die Blätter das Stück für zwanzig oder dreißig Pfennig gehandelt. Jeder Schüler von Herbert Armbruster verfügte am Anfang des Schuljahrs, es sei denn, er war eines der Geschichtsschätzchen, für eine müde Mark über einen ordentlichen Vorrat, sodass er sorglos den Geschichtsstunden entgegensehen konnte.

Hatten Walter, Maria oder Melanie keine Fragen oder Antworten mehr, wurde der nächste Abschnitt vorgelesen. Außer abstrusen Anekdötchen trug Herbert Armbruster meistens selbst auch nicht sonderlich viel bei. Die zeugten sich fort von

Generation zu Generation und waren so bekannt, dass Einser-Kandidaten ihn auf Patzer aufmerksam machten. Wie er ihm, dem Praktikanten Winter, erläuterte, baute er sie nur ein, um die Aufmerksamkeit seiner Schüler zu testen. So ging das Stunde um Stunde, und am Schuljahresende klappte Armbruster sein Buch zu: Wieder hatte er alles geschafft. Den Mut zur Lücke überließ er weniger fähigen Kollegen. Vokabellernern und Mathe-Assen gab er in Geschichte die Note zwei, die Leistungen der Stadt-Land-Fluss-Spezialisten fand er befriedigend (sie waren damit hochzufrieden) und die Schiffeversenker, die ihn mit ihrem Kampfgezischel doch gestört hatten, nahmen ihre Vierer stoisch hin. Arbeiten ließ er nie schreiben, denn die hätte er ja korrigieren müssen. Sah *Krokodilauge*, der Rektor, gelegentlich ins Klassenzimmer, verschwanden die sachfremden Materialien blitzschnell unter den aufgeschlagenen Geschichtsbüchern, und es stellte sich heraus, dass der Schulleiter nur mal so „nach dem Wohl und Wehe seiner Schüler" hatte sehen wollen.

„Herr Winter", riss ihn Treutsch aus seinen Erinnerungen, „ich wollte Sie schon ansprechen. Ich hab' gehört, Sie verlassen den Schuldienst? Könnten wir da nicht vielleicht die Kollegen gemeinsam bewirten?"

„Also ich gehe ja nur für ein Jahr und will wieder an die August-UHU zurück."

An der Tür wummerte es. Treutsch führte den Zeigefinger an die Lippen.

Der Mensch vor der Tür wartete nur kurz auf eine Reaktion, dann drückte er die Klinke, seufzte und schrie: „Scheißladen!" Winter erkannte seine leicht diskantierende Stimme zweifelsfrei. Nach einer Weile gab er der blöden Tür einen Tritt und machte sich auf den Weg – vermutlich dorthin zurück, wo ihn der Impuls, ins Netz zu schwimmen, ereilt hatte.

„Das war Dominik aus 7 c", flüsterte Treutsch. „Einer meiner eifrigsten Homepage-Pfleger in der AG."

„Ach nee, dabei macht der in ITG grundsätzlich alles anders und letzten Endes falsch", zischelte Winter.

„Also, was Web-Design betrifft, hat der den vollen Durchblick und Tricks drauf, da kann einem nur angst und bange werden, für den Fall, dass der bei uns scheitert."

„Und im Deutschunterricht schläft er von der ersten bis zur letzten Minute – wenn er sich nicht mit Thomas zerft", mäkelte Winter weiter.

„Thomas? Der gehört ja auch zu meinem Team. Auf den allerdings hätt' ich gern verzichtet. Der hat nur Kinderquatsch im Sinn. Aber ohne ihn wär' der Dominik auch nicht gekommen."

Schon wieder wummerte wer gegen die Tür, sodass Winter und Treutsch ihr Geklatsche einstellten.

Treutsch speicherte die Homepage der August-UHU-Realschule mit der frohen Ferienprophezeiung klick- und enterfest ab.

Vielleicht war doch Flucht möglich? Winters Computerraum-Schlüssel passte immerhin auch für die Technikräume. Und war er wie das Mäuschen dort erstmal drin und zur Hintertür hinaus, war die angenehme Kaffeepause im Edeka-Zentrum mit geruhsamer Zeitungslektüre so gut wie sicher.

„Ich suche das Weite", flüsterte er dem jungen Kollegen zu und deponierte die Karteikarten der 7 c in einer Schublade des Lehrertischs.

„Das ist sehr gewagt", stellte Treutsch fest. „Viel Glück!"

# 7

Auf seinem Schleichweg ins EG wurde Winter auf der Hintertreppe von der dickköpfigen Annette, genannt Nänzi, gestellt.

„Aber Herr Winter! Wer wird sich denn aus dem Staub machen? Es gibt doch Kaffee und Kuchen und geile Spiele!"

Nänzi war im Wirtschaftsgymnasium gelandet und hatte sich offenbar wie Ruckel und Michael freigenommen, um dem Schulstreich der Nachfahren beizuwohnen und -zuspielen.

„Annette! Was machst du denn hier – oder muss ich jetzt Sie sagen?"

Winter konnte es nicht fassen, ausgerechnet von ihr bei seinem Fluchtversuch ertappt zu werden. Nänzi hatte sich in Deutsch immer mächtig angestrengt – und sich doch nur ziemlich phantasielose, armselige Aufsätzchen abgepresst. So hatte Winter, förmlich infiziert vom Bazillus der Dürftigkeit, ebenfalls zu rudern begonnen, wenn sie, schon mit Tränen in den Augen, vor ihn trat und um Aufschluss bat, was denn, um alles in der Welt, nun schon wieder an ihrer Erörterung fehle. Sie habe doch das Thema richtig erfasst und bearbeitet. Und nun stehe wie immer eine Dreibisvier drunter ...

„Ach was! Das Sie fände ich jetzt komisch, Herr Winter. Auf! Kommen Sie!"

„WinterWinterWinter!" skandierte DJ Ruckel und klatschte immer auf *Win*, und das klang wie ein mechanischer Ohrfeigengeber. Sehr rasch stimmten immer mehr Höllenbetanzer in den Ruf ein, selbst die Blitze folgten schon dem Rhythmus.

Alle Augen waren auf ihn gerichtet – unmöglich, jetzt noch zu fliehen.

Nänzi bahnte ihm eine Gasse durch die Menge zu einem Arrangement von drei Brauerei-Sitzgarnituren, wo sich schon ein Grüppchen Kollegen, denen es auch nicht gelungen war, sich zu verdünnisieren, auf den harten Bänken herumdrückte.

„Der Kuchen ist nicht schlecht", quiekte Friederike Kühlwein in den höchsten Tönen, „aus der Bäckerei Kaub in Hermannsau!"

„Mir ist aber schon schlecht", gab Jens Hollerbach mit schmerzverzerrter Miene zurück.

„Es ist noch Kaffee da!", sang Lothar Spätzle, der offenbar beschlossen hatte, das Unabwendbare mit Humor durchzustehen, laut und falsch.

Genau neben der Lehrerzwinge war eine riesige Lautsprecherbox aufgestellt. So entging den Verhafteten nichts. Wegzuhören war ebenso unmöglich wie ein Gedankenaustausch über die Zumutungen der Schüler.

Gleich nachdem sie den arretierten Winter in der sicheren Obhut seiner Kollegen wusste, ging Nänzi erneut auf Lehrerfang Richtung Hintertreppe und trieb nun eine kleine Herde in die Folterecke. Wahrscheinlich hatte Ruprecht sie nach einem Dienstgebrüll mit Frieder Knecht aus dem Lehrerzimmer geworfen. Selbst Stefan Zordel, der sonst mit seinen Sprüchen *flott wie Gott* niederkam, konnte nur pantomimisch andeuten, was er von diesem Schüler-Gewaltstreich und seiner Verhaftung zum Zwangsvergnügen hielt: Er griff sich mit der rechten Hand an die Kehle, reckte den Kopf wie ein nach Luft schnappender Hecht und rollte die Augen. Neben Winter ließ sich Wolf Lichtwald in seinen dunklen Designerklamotten auf die Bank sinken und lehnte alle Angebote *zur Stärkung* ab. „Wenn die wenigstens an was Trinkbares gedacht hätten!", schrie er Winter ins rechte Ohr, worauf der sich beide Hörmöpse aus den Ohren zog und in der Hemdbrusttasche verstaute.

DJ Ruckel hatte jetzt seine ehemaligen Schulgenossinnen und -genossen voll im Griff. Er triezte sie mit Auf- und Nieder-Befehlen wie Rainer Fromut in seinen stärksten Turnhallen-Zeiten, als er sich noch (fast) alles erlauben konnte. Inzwischen hatte ihn jemand wegen angeblich sadistischer Anwandlungen beim Oberschulamt angeschwärzt, und um ein Haar wäre es zu einer Gerichtsverhandlung gekommen.

Die Diskofreunde folgten DJ Ruckel aufs Wort. Hätte er sie angetrieben, sich auf ihre Lehrer zu stürzen und sie auf die Tanzfläche zu zerren, um sie dort bloßzustellen, sie hätten es wahrscheinlich sofort getan. Um nicht nur dazustehen wie die Kartenständer in den Klassenzimmern, hätten sie sich, in vager Erinnerung an die wilden Abtanzereien ihrer Studentenzeit, mit unsachdienlichen Verrenkungen zu retten versucht. Winter fiel ein, dass sich am komischsten immer die Uraltsäcke beiderlei Geschlechts gebärdeten, wenn sie auf alles, was sie nicht kannten, mit ihren versteiften Hüft- und Kniegelenken eine Art Twist tanzten. Doch den Lehrern war Übleres zugedacht.

Nein, gegen den Kuchen ließ sich nichts einwenden. Winter aß bereits das dritte Stück, eine Käsesahnebombe, und hatte seine Spiegelschwangerschaft längst vergessen. Auch der Kaffee schmeckte. Langsam keimte die Hoffnung, dass man sie, abgesehen von der Saft- und Kraftdemonstration im Diskogewitter, unbehelligt ließe.

Doch plötzlich brach das Techno-Gewummer ab. Einzelne Schüler ließen sich nicht stören und blieben in Bewegung wie Charly in *Modern Times*, andere protestierten, und einige – darunter natürlich wieder ein paar Lämmlein aus der 7 c – nutzten die Pause, um sich gegenseitig zu schubsen, sodass sie auf andere prallten, die sich ihrerseits empört zur Wehr setzten.

Doch bevor die Rempeleien sich zu einer gruppendynamischen Schlägerei entwickeln konnten, ergriff Nänzi das Mikrofon: „Nachdem wir nun so nett beisammen sind, Schüler und Lehrer (die Lämmlein blökten unanständig), und alle schon ein bisschen warm – von der Bewegung oder dem Kaffee –, kommen wir jetzt zu den Wettspielen. Um es den verehrten Lehrerinnen und Lehrern zu erleichtern – sie tun sich mit neuen Sachen ja immer ein bisschen schwer –, haben wir ganz alte Spiele ausgesucht. Zum Beispiel: Das Eierlaufen! Wir nehmen dazu die billigsten Eier aus dem schlimmsten Hühner-Knast, denn es könnte ja sein, dass im Eifer des Gefechts ein paar Eier zu Bruch gehn. Die Laufstrecke, passen Sie auf, Frau Hoch – Herr Hollerbach, auch Sie sind gemeint –, geht von der Bühne quer durch die Aula und dann zur einen Tür raus und zur anderen Tür wieder rein. Und wer als Erster mir sein Ei unbeschädigt zu Füßen legt, hat für seine Mannschaft einen Punkt gewonnen. Für die Sieger bereitet Frau Hug mit ihren Helferinnen aus der Neunten ein Omelett Surprise. Surprise heißt auf Französisch Überraschung, aber was genau die Überraschung bei diesem Eierkuchen ist, wird nicht verraten. Lassen Sie sich also mitreißen von einem uralten Spiel, bei dem es um Vorsicht, Geschicklichkeit und Schnelligkeit geht! Also bitte: Wer von unseren verehrten Lehrern meldet sich freiwillig? Wir brauchen vier Stück."

Winter hob die Hand und nach ihm Zordel, Spätzle und Lichtwald. Man konnte ja nicht wissen, was später noch kam, und so hatte man es wenigstens bald hinter sich und war kein Spielverderber.

Die Schüler freuten sich und dankten den von Nänzi namentlich Genannten mit Lauten, die jeder Hundemeute gut zu Maul gestanden hätten.

Welche Schüler antreten sollten, stand außer Frage: Es waren die besten Hundertmeterläufer der Schule, die – von Fromut ausgebildet – bei *Jugend trainiert für Olympia* bereits bis zur Kreisebene gelangt waren.

„Jetzt muss ich euch alle bitten, für die Wettkämpfer eine Gasse zu bilden", kam Nänzi zur Sache.

Nach einigem Geschiebe, Gezerre und Geschubse kam etwas zustande, was Winter an die Exekutionsszene in *Der Besuch der alten Dame* erinnerte, von der in seiner 9 a heute vielleicht noch die Rede sein konnte.

„Alle Teilnehmer kommen zu mir und kriegen Eier auf die Löffel!", rief Nänzi. „Die Lehrer müssen sich noch über die Reihenfolge einigen, dann kann's losgehen. Wer übrigens sein Ei verliert, kriegt sofort Nachschub und muss trotzdem weiterlaufen und bei seinem Nachfolger den Löffel abgeben! Wir haben für dieses Spiel ein Lied ausgesucht, das unheimlich gut dazu passt. Unsere Lehrer haben es vor hundert Jahren, als sie jung waren, mit Sicherheit gern gesungen. Es heißt: Ich wollt', ich wär' ein Huhn. Gell, Herr Spätzle: Sie besonders."

Winter, Zordel, Spätzle und Lichtwald tuschelten miteinander. Zordel wollte als Vierter laufen, um vielleicht noch auszuwetzen, was seine Kollegen bis dahin verbockt hatten. Lichtwald entschied sich für die zweite oder dritte Position, weil er als unsportlicher, sogar sportfeindlicher Mensch erst einmal sehen musste, wie der Hase lief.

„Ich zeig's Dir, Wolf; Armin, du könntest dann hinter mir laufen, dann hat der Wolf es zweimal gesehen", flüsterte Spätzle den anderen zu – vor Eifer glühend, als Erster zu glänzen – und übernahm die Führung: „Also, Nänzi, wir sind uns einig."

„Gut", verkündete die allen, „die Mannschaften stellen sich auf. Das Kommando heißt: Auf die Eier, fertig, ab!"

Der Spruch kam gut an – besonders bei den Siebt- und Achtklässlern, die von früh bis spät und von spät bis früh ihre zwei Eier zählten.

„Auf geht's! Hier sind die Teelöffel! Auf geht's!"

„Die sind ja fürs Eierlaufen viel zu klein, früher waren die viel größer", protestierte Spätzle.

„Also Herr Spätzle, mit einer Schöpfkelle könnte sogar Herr Ruprecht sein Ei ans Ziel bringen. Wir wollen's uns doch nicht zu leicht machen, oder? Die ersten Läufer an den Start, bitte!"

Spätzles Kontrahent war Marco, ein flinkes Kerlchen aus der 8 a. Nach dem Kommando legten beide los. Spätzle wollte auf Nummer Sicher gehen und bewegte sich aus der Hüfte wie ein geübter Schnellgeher. Marco dagegen lief los und beförderte mit einem Reflex auf ein pantomimisches Störmanöver aus den Reihen seiner Klassenkameraden das erste Ei eine Etage tiefer auf die Fliesen der Aula, wo es zerplatzte. Seine Mitschüler führten sich auf wie Kannibalen. Auch Spätzle wurden aus der Gasse Arme in den Weg gereckt und im letzten Moment wieder zurückgezogen, doch er erwies sich als ausgesprochen nervenstark – „nicht so lahm, Spätzle!", feuerten ihn Frechlinge an – und kam hinter Marco, doch mit unversehrtem Ei ans Ziel, übergab den Löffel vorsichtig Winter, stellte sich in Positur und wartete – bescheiden lächelnd – auf Applaus.

Die Aufmerksamkeit der Zuschauer war jedoch bereits auf Ayshe und Winter gerichtet, die ihre Eier um- und vorsichtig balancierten. Ayshe ließ sich ebensowenig von den rhythmischen Anfeuerungsrufen aus der Ruhe bringen wie ihr Gegner von den deutlich artikulierten *Wind-, Winter-, Am Windigsten*-Rufen! Beide brachten ihre Eier sicher ans Ziel.

Schon bei der Übergabe an Lichtwald merkte Winter, dass seinem Kollegen Schweißtropfen auf der Stirn standen. War es der ungewohnte Wettkampfstress, war es der fehlende Tropfen, der Wolf Lichtwald zittern ließ, als hätte er einen Anfall von Schüttelfrost? Kaum war Lichtwald zur Schultür hinaus, geschah ihm ein Missgeschick: Er stolperte auf der Fußmatte, fing sich aber mit einigen weitausholenden Ausfallschritten. In wenigen Augenblicken trugen sie ihn weit weg, dem Ei hinterher, das er in den Schulhof geschossen hatte. Den Löffel aber hielt er in der gereckten Rechten hoch, stolz wie eine Siegestrophäe.

Der Faststurz schien ihn in eine Art Schockzustand zu versetzen: Statt umzukehren und das Schulhaus durch die andere Tür wieder zu betreten, ging er stockbeinig geradeaus, reagierte auch nicht auf das Gejohle der Meute und verschwand (für immer, wie sich später herausstellen sollte) aus der Schule. Lara Hoch, die ihm nach einer Schreckminute folgte, berichtete später, dass sie gerade noch die Rücklichter seines SLK 200 gesehen habe.

Nänzi stattete Zordel mit neuem Löffel und Ei aus, und der versuchte nun zu retten, was nicht mehr zu retten war, lief mit kleinen, maushaft wirkenden Bewegungen, als würde er an einer Schnur gezogen, und kam seinem Kontrahenten, Sergeij aus der 8 b, ziemlich nah, stolperte auf dem letzten Meter und schleuderte Nänzi sein Ei vor die Füße, wo es nicht zerbrach, sondern munter fortrollte und im hinteren Teil der Bühne – fast schon in Sicherheit – von Winters Geburtstagsschwager Michael wie unabsichtlich zertreten wurde.

Es war sonnenklar: Die Schülermannschaft hatte gesiegt, zumal einer der Gegner regelwidrig das Weite gesucht hatte.

Winter war erleichtert: Für ihn war die Sache nun gelaufen. Ein (hoffentlich fast) letztes Mal hatte er sich vor Schülern zum Narren gemacht.

Zordel schäumte: „Nur wegen dem blöden Wolf haben wir verloren!"

„Und du Klugscheißer!", rief Spätzle, „bist schließlich auch gestolpert und hast dein Ei verschossen."

„Aber nur, weil ich die Schlappe auswetzen wollte. Und dann haut der auch noch ab, der Hasenfuß: Schönes Schulbeispiel!"

„Vielleicht hat er zu Hause was vergessen", versuchte Friederike Kühlwein Zordel von der Palme zu holen.

„Vertrunken, meinst du wohl!", zischte Zordel.

Denn Nänzi hatte wieder nach dem Mikrofon gegriffen: „Das war ein eindeutiger Sieg für die Schülermannschaft: Marco, Ayshe, Mareike und Sergeij ein dreifach donnerndes – ja, was eigentlich?" – „Friede, Freude, Eierkuchen!", rief Spätzle, gerade noch im richtigen Moment, denn schon wollte

Ruckel Nänzi das Mikrofon entwinden, und dann wäre vielleicht, dachte Winter, *Sieg Heil!* herausgekommen – der Knabe schreckte ja vor nichts zurück. Nun verzichtete aber Ruckel darauf, sich gewaltsam die Lauthoheit zu verschaffen, und Nänzi ließ die Schülerschar dreimal Spätzles Parole im Chor repetieren.

„Nach diesem aufregenden Rennen", verkündete Nänzi, „haben wir alle ein bisschen Entspannung verdient und machen erstmal wieder Musik. Danach kommen wir aber zum absoluten Höhepunkt unserer Party. Ihr könnt schon gespannt sein und euch freuen: Das wird der absolute Hit. Auch unseren Lehrern empfehle ich, sich schon ein bisschen warm zu tanzen. Wir bringen wieder ein Lied aus ihrer Jugendzeit: *Only You* mit dem King. Meine 92-jährige Urgroßmutter sagt immer: *Bewegung ist alles.*"

„Und da hat sie recht!", rief Lara Hoch ihren Kollegen zu und zerrte Valentin Hummel, ihren Referendar, hinter sich her auf die Tanzfläche.

Mit ihm zusammen hatte sie, als sicher war, dass und wo er eingestellt wurde, gerade einen Bauplatz gekauft. Hummel verzog das Gesicht, als würde er zu einer Untat gezwungen, erwies sich dann aber als begnadeter Blues-Steher. Ob sie nach ihrer Verehelichung Hummel-Hoch heißen würde?, kam Winter in den Sinn.

„Ein Hit, was wird das schon sein!", rief Frieder Knecht, „die haben doch keine Ahnung vom Tuten ..."

„... aber vom Blasen!", platzte Rainer Fromut heraus und räusperte sich, so, als sei ihm das nur eben so rausgerutscht.

„Sie als Olympiakandidat von 1912", rief Zordel, „Sie werden die Lehrerkarre schon noch aus dem Dreck ziehen!" Zordel und Knecht verband inniger Hass.

„Übereifer schadet nur, Herr Zordel, das ist bekannt. Wir ham's gerade wieder gesehen."

„Meinen Sie das Märchen von Kaminski?"

„Nie gehört – schießen Sie los!"

„Der arrogante Hase hängt seine freche Nase ganz mächtig in den Wind", deklamierte Zordel. „Der Igel, träge wie ein Ziegel, ist nicht wie der vor Ehrgeiz blind."

„Und wer soll hier der Hase sein und wer der träge Ziegel?", plusterte sich Knecht.

„Das ist noch offen. Nach Ihrem Einsatz reden wir drüber. Am Schluss kommt eine schöne Stelle, über die wir dann meditieren könnten: Wer's nicht im Kopf hat, will es scheinen, der hat es in den krummen Beinen."

„Da sind Sie bei mir auf der falschen Spur. Meine Beine sind gerade wie die Zedern des Libanon, Herr Zordel. Ihre dagegen sind mir noch nie zu Gesicht gekommen."

„Das heißt, Sie wollen der Igel sein und sähen mich gern in der Hasenrolle?"

„Mal sehen", konterte Knecht. „Aber geben Sie mir das ganze Gedicht – es amüsiert mich."

„Du musst den Stefan schon als Leithasen akzeptieren, Frieder, das erwartet er einfach!", rief Friederike Kühlwein. „Wer von euch die Igelfrisur hat, sieht schließlich jeder!"

„Na, warten wir ab, was die Kids noch von uns verlangen, und dann schlagen wir sie gemeinsam, Friederike", gab Knecht zurück.

Schon erstarb der King mit *Only You* in den höchsten Tönen, und Lara Hoch wäre es beinah gelungen, ihren Prinzen flachzulegen. *Neue Wege gehen*, wie es Hummel, Jünger der Massai-Barfuss-Technologie mit seinen frisch gekauften Sandalen vorhatte, bedeutete, in ungewohnten Lebenslagen um die Balance gelegentlich zu kämpfen.

Winter sah dem Kommenden gelassen entgegen und goss sich eine neue Tasse Kaffee ein. Auch erlaubte er sich ein allerletztes Kuchenstück – der Herstellerin dieser anbetungswürdigen Birnenwähe hätte er umstandslos die teigigen Hände geküsst.

Die Vorbereitungen für das Wettspiel im dunklen Hintergrund der Aula waren offenbar abgeschlossen, denn DJ Ruckel hatte sich des Mikrofons bemächtigt.

„Beim nächsten Spiel haben wir an einen gedacht, der bestimmt kein fauler Sack ist, da müssen Bundeskanzler Schröder und neulich auch der Oettinger andere Lehrer gemeint haben. Unser Ironman Knecht hat uns nämlich so schaffen lassen, dass wir ihn oft am liebsten nach Hawaii gewünscht hätten."

Knecht ließ sich nicht zweimal auf die Bühne bitten. Schwungvoll stand er auf, ging festen Schrittes zur Bühne und war mit einem Bravour-Satz oben.

„Sind Sie gut drauf heute?", empfing ihn der Moderator.

„Nicht nur das, sondern absolut cool und siegesgewiss!"

„Wir wissen", fuhr Ruckel fort, „dass Sie ein begnadeter Triathlet sind und immer ans Ziel kommen. Wie oft waren Sie denn schon Erster?"

„Also bei meiner Altersgruppe bin ich nicht jedes Mal der Beste, aber immer in der Spitzengruppe. Verlieren macht einfach weniger Spaß."

„Das steigert natürlich unsere Erwartungen. Herr Knecht, haben Sie eine Partnerin?"

„Wie soll ich das verstehen? Ich bin verheiratet und habe drei Töchter."

„Ich meine, eine Partnerin für das nächste Spiel?"

„Ach so. Ja, doch!"

„Aha, er weiß noch gar nicht, was gespielt wird, aber er hat schon eine Partnerin. Natürlich eine, auf die er sich hundertprozentig verlassen kann. Darf ich raten?"

„Es gibt mehrere Kolleginnen und Kollegen, auf die man sich verlassen kann!", rief Knecht.

„Aber wir kennen nur eine, die genauso qualifiziert ist wie Sie, und das ist unsere Frau Kühlwein. Ehrlich, Herr Knecht, Sie haben doch an Frau Kühlwein gedacht?"

„Das stimmt. Aber jetzt mach's nicht so spannend, was sollen wir tun? Frau Kühlwein und ich, wir sind zu fast jeder Schandtat bereit."

„O.K. – Dann sag ich's Ihnen: Sie treten an gegen ein anderes wunderbares Team in einer Disziplin, die jeder aus dem Kindergarten kennt: im Sackhüpfen!"

Gehupft wie gesprungen, dachte Winter, geschieht dem Knecht ganz recht.

„Das ist ja lachhaft", winkte Knecht ab, „euch Hüpfern werden wir es zeigen. Los, her mit dem Sack!"

„Langsam Herr Knecht, Sie kennen ja die Spielregeln noch gar nicht!" Ruckel gab das Mikro an Nänzi weiter, die den Ablauf erklärte:

„Also – wenn in dem Lied *Wie ein Leuchtturm* Marianne Rosenberg anfängt zu singen, kennen Sie das Lied, Herr Knecht? Nein? – ‚Ich bin nicht mehr wie ich früher war' ..."

„Und dann kommt diese Wahnsinnsstelle", unterbrach sie DJ Ruckel und sang karaokehaft falsch: „Und wenn du mir erzählst es war ein Abenteuer, dann flipp ich völlig aus und werd' zum Ungeheuer!"

„Du hast früher auch schon besser gesungen!", rief Spätzle.

„Was?", gab Ruckel zurück, „meinen Sie etwa bei der Weihnachtsfeier mit diesem blöden *Jingle Bells*, das wir jedes Jahr singen mussten?"

„Du kannst froh sein, dass du nicht mehr mein Schüler bist", erboste sich Spätzle, „dir würd' ich die richtigen Töne schon wieder beibringen."

„Normalerweise werde ich jetzt von Lehrern gesiezt, Herr Spätzle. Aber Sie haben sich schon immer über Vorschriften hinweggesetzt."

„Lassen Sie es, Ruckel", rief jetzt Zordel, „Sie machen ja die ganze Stimmung kaputt: Stimmung!!"

„Stimmung!!!", lautete die vielstimmige Antwort aus Schülerkehlen.

„Ihre Partnerin zieht Ihnen dann erstmal die Schuhe aus", fuhr Nänzi fort, „bindet Ihnen einen Schal um, zieht Ihnen Handschuhe an und eine Schlafmütze über die Ohren. Dann dürfen Sie in den Sack schlüpfen und loshüpfen – und zwar von hier aus bis zur Anschlagsäule und um sie herum und zurück. Danach müssen Sie alles ausziehen." Lautes Gejohle quittierte Nänzis Aufforderung zum Striptease. „Wenn Sie Ihre Schuhe wieder anhaben, müssen Sie Ihre Partnerin einkleiden."

„Und wer sind unsere Gegner?", fragte Knecht und blickte giftig in die Runde.

„Der Ruckel und ich", ließ Nänzi wissen und erntete begeisterte Zustimmung.

„Gut", rief Knecht, „wir halten die Ohren steif! Komm', Friederike, wir machen die Sackhasen."

Friederike Kühlwein stand auf und schritt unter dem Applaus der Schüler – die meisten überragten sie um Haupteslänge – zur Bühne. Vor zwanzig Jahren war sie beim Lehrerausflug per Fahrrad mit Winter im Team gewesen: Himmel, war sie damals eine anziehende Rennradlerin, der man gern hinterherhechelte!

Dabei war sie noch immer rank und schlank und hatte ein Lächeln im Gesicht wie ein junges Mädchen. Und bei den jüngsten Schülern verfing ihr Monalieschen-Tick durchaus, nur tobende Achtklässler hatten nichts weniger im Sinn, als sich von einer Monarieke becircen zu lassen. Dann wirkte ihr Lächeln – wie auch jetzt – etwas hilflos.

Winter konnte sich denken, dass sie mit sehr gemischten Gefühlen antrat: Fromut hatte ihm direkt und herzhaft, wie es seine Art war, verraten: „Ihre Knochen sind im Arsch. Sport ist Mord für die Frau. Aber soll sie sich ins Bett legen, bis sie ins Gras beißt?"

Sie erwartete ihren Hüpfpartner vor der Bühne, von der Knecht heruntergehopste, als hätte er die Sprunggelenke eines

Kängurus. Nänzi und Ruckel dagegen staksten mit ihrem schwergängigen Modeschuhzeug die Stufen der Bühnentreppe hinab, als wären sie kurz vor der Frühverrentung.

Frieder Knecht vergewisserte sich bei Nänzi, ob ihm die richtige Handlungsreihenfolge noch gegenwärtig war.

„Also: Schlafmütze auf, Schuhe aus, Handschuhe an, Schal um, und dann in den Sack – oder?"

„Aber nein", korrigierte Nänzi, „die Schlafmütze kommt ganz am Ende. Denken Sie einfach, Sie wären erkältet und müssten sich ins Bett legen. Also: Schuhe aus, Schal um, Handschuhe an, Schlafmütze auf!"

„Mit Handschuhen ins Bett, dass ich nicht lache", protestierte Knecht lauthals und erwartete, dass alle, die es hörten, in Gelächter ausbrechen würden. Doch auch nach der Schrecksekunde – Knecht machte sonst ja niemals Witze – lachte kein Schwein, wie er erbittert feststellte.

Er zog den linken Handschuh an und hob die Hand provozierend hoch.

„Die kommen erst später, ich hab's Ihnen doch schon zweimal gesagt!", maulte Nänzi.

Das sei pure Taktik um den Gegner zu verwirren, rief Knecht seinen Kollegen am Kaffee-Biertisch zu. Das veranlasste Zordel zu der Bemerkung, er sei also kein Igel, sondern der raffinierteste Hund in der August-UHU-Realschule.

Ruckel entriss wieder Nänzi das Mikrofon. Da ertönte der Gong zum Ende der Großen Pause, doch keiner kümmerte sich drum. Es wurde mucksmäuschenstill in der Aula. Frieder Knecht deutete pantomimisch an, was er wonach zu tun habe, und Friederike Kühlwein schenkte ihm ihr schönstes Lächeln.

Mit dem Einsetzen der Musik wurde ein scharfes Rückkoppelungspfeifen laut. Michael Hufschmied hatte vergessen, den Regler für das Mikro zurückzufahren.

„Mensch, du Pfeife", schrie DJ Ruckel seinem Assi am Mischpult zu, „Mikro aus!!" – was zunächst das Gegenteil bewirkte, denn in der Aufregung schob er den Regler in die verkehrte Richtung.

„Und dann wundern wir uns, dass die Jungen schon mit vierzehn halbtaub sind", teilte Spätzle seinen Kollegen mit, die für solch tief- und weitreichende Erkenntnis im Moment wenig Sinn hatten. Sie waren wirklich gespannt, wie dieses Rennen ausgehen würde.

Der zweite Versuch, das Lied *Wie ein Leuchtturm* anzufahren, klappte besser, und Marianne Rosenbergs gehauchtes „Hich" stand noch gar nicht richtig im Raum, da begannen die beiden Teams schon mit dem Vorspiel. Friederike Kühlwein und Nänzi fielen ihren Partnern zu Füßen und schnürten ihnen die Schuhe auf. Unglücklicherweise verknotete sich beim Aufziehen der Schlaufen an Knechts rechtem Mephisto-Schuh der Senkel, und das kostete Zeit. Glücklicherweise aber kam Ruckel mit seiner Fast-Food-Figur nur mühsam in den engen Mumienschlafsack aus weißer Baumwolle. Trotzdem geriet das Lehrerteam gleich in einen leichten Rückstand, den Knecht regelwidrig wettzumachen versuchte, indem er schon heimlich die Handschuhe überstreifte, während ihm Friederike den Schal umband, bevor sie ihm die Schlafmütze über die Ohren und (Ungeschick lässt grüßen) Augen zog. Endlich, sein Gegner hatte schon die Hälfte des Hinwegs hinter sich, setzte er mit gewaltigen Sprüngen DJ Ruckel nach und riskierte dabei zu straucheln – was die Mehrheit der Zuschauer natürlich erhoffte, einer verschwindenden Minderheit aber den Atem stocken ließ. Tatsächlich aber verhedderte sich Ruckel, als ihn Knecht schon fast eingeholt hatte, und stürzte. Siegesgewiss hüpfte Knecht an ihm vorbei. Ruckel rappelte sich hoch und kam schnell wieder auf die Beine, doch nun war Knecht nicht mehr einzuholen. Wie ein Rasender entledigte er sich, ohne sich um die Reihenfolge zu kümmern, aller Utensilien. Das führte zwar zu Protestgeschrei, doch war ihm jetzt, das sah man deutlich, alles egal, wenn nur die vorige Schlappe ausgewetzt wurde. Dabei vergaß er, die eigenen Schuhe wieder anzuziehen, was wahrscheinlich zur Disqualifikation des Teams führen würde. Kaum aus dem Schlafsack, warf er sich vor Friederike Kühlwein nieder und riss ihr die Slipper von den Füßen, montierte den Rest und stülpte ihr unsanft die Schlafmütze über.

Jetzt kam Ruckel endlich auch an.

Vorsichtig schlüpfte Friederike Kühlwein in den Schlafsack. Bei ihren ersten Hüpfern bildete der viel zu lange Sack eine Schleppe aus, weil sie ihn nicht genügend gerafft hatte, doch dann bekam sie mit kleinen Hüpfern auf der Stelle das Problem ganz gut in den Griff und hüpfte nun in kurzen Sprüngen – „wie ein Leuchtturm, wie ein Leuchtturm, wie ein Leuchtturm", sang Marianne Rosenberg – ohne weitere Verzögerung und fast elegant voran. Schon schien der Sieg der Lehrermannschaft gewiss, denn erst jetzt hüpfte Nänzi los – und Ruckel stand übrigens ebenfalls in Socken da.

Auch die Säule umhüpfte Friederike Kühlwein sehr geschickt.

„Nein, ich bin nicht mehr wie ich früher war, ich bin's nicht mehr und nichts mehr ist klar", schwangerte Marianne Rosenberg Unheil und sang von „einem Plan, wie ich dir weh tun kann" – da fiel, niemand war darauf gefasst, Friederike Kühlwein *voll auf die Schnauze*, wie Rainer Fromut immer, wenn später die Rede darauf kam, stereotyp den unglücklichen Sturz beschrieb.

Es sah natürlich komisch aus. Doch vor allem war es die Schadenfreude, die bei den Schülern zu unbändig-mitleidlosem Gejohle führte. Friederike Kühlwein lag bewegungslos am Boden. „Dann flipp ich völlig aus und werd' zum Ungeheuer!", ließ Marianne Rosenberg die Katze endlich aus dem Sack.

Allmählich erstickte das Gejohle.

Knecht war der Erste, der angemessen reagierte. Wie ein Schlittschuhläufer glitt er auf seinen Socken zur verunglückten Kollegin – „verschwinde, fass mich nicht an!", schrie Marianne Rosenberg, „ich brauch dein Mitleid nicht, ich brauch einen Mann" – ging neben ihr zu Boden und versuchte zu ermitteln, was ihr geschehen war. Rasch kam er wieder hoch, brüllte völlig unmusikalisch: „Musik aus, wir brauchen einen Arzt!"

Wieder wurde der Lautstärkeregler zuerst hoch- statt runtergeschoben, sodass die letzten Worte der Sängerin „mein Kopf ist dumpf und leer, so leer" unerträglich laut und verzerrt durch die Aula dröhnten. Endlich legte der Hausmeister alle Kippschalter der Sicherungen um, sodass Rosenberg mitten im Wort *betrogen* den Mund hielt.

Es war fünf nach halb elf.

# 8

Geschafft! Winter kletterte am Hochtisch vor seiner Tasse Kaffee auf den Barhocker. Die Zeitung, die nutzlos auf dem Nebentisch zwischen zwei Frührentnern lag, hatte er schon requiriert. Es war mehr als blöd, nach all den Aufregungen und bereits genossenen Tassen dem auf Hochtouren arbeitenden Zentralorgan weiteren Treibstoff zuzuführen. Doch die Macht der Gewohnheit zwang ihn, jeden Dienstag, wenn er seine Hohlstunde genießen konnte, im Back-Shop des Edeka-Marktes den Endlos-Kaffee zu ordern. Nur auf die Butterbrezel verzichtete er diesmal – wegen der in seinem Leib heftig detonierenden Käsesahnebomben und der Birnenwähe. Was nicht hieß, dass nicht doch die gewöhnliche Lust erwachte, sich aus der Tiefkühltruhe rasch noch ein teures *Aroma*-Eis zu holen, dessen Außenhaut aus in Schokolade gegossenen Kaffeebohnensplittern bestand – ach, diese köstlichen Stücke hätte er unablässig genießen können – bis zur Vereisung quasi.

Neinnein! Auch dieses Verlangen verbiss er sich jetzt. War außerdem Wahnsinn: Für den Preis eines *Aroma*-Eises bekam er mehr als vier Aldi-Premium-Eis-Stücke.

Friederike Kühlweins Sturz – in tiefster Ohnmacht, aus der sie auch der Notarzt nicht erwecken konnte, wurde sie ins Krankenhaus transportiert – hatte den Schulstreich der Zehntklässler abrupt beendet. Noch bevor die Rotkreuzler mit ihrer Bahre anrückten und sich um das Opfer kümmerten, sprengte Ruprecht mit Donnerworten die Versammlung. Kirchner hatte ihn geholt, um nicht alles auf seine KonRats-Kappe nehmen zu müssen.

Wie alle anderen war auch Winter spornstreichs in seine Klasse, die 9 a, geeilt. Doch war er gar nicht erst in die Klemme geraten, auf irgendwelche *Damenbesuche* einzugehen, denn er sah sich einer aufgebrachten Frauschaft gegenüber, die sofort und in lebhaftestem Meinungsaustausch das eben Erlebte verarbeiten musste. Die wenigen Jungs, die kaum zu Wort kamen, wenn die Mädchen das Disputfieber erfasst hatte, begannen wieder mal Schiffe zu versenken, denn eins war ihnen klar wie Winter: In diesen letzten fünfzehn Minuten der vierten Schulstunde würde keine Rede mehr sein, weder von alten Damen noch von Hinrichtungen. Auch das Schicksal der älteren Frau Kühlwein interessierte die jungen Herren nur mäßig.

Die Mädchen erzürnte vor allem eines: Bloß wegen dieser ungeschickten Kuh, Entschuldigung, der Frau Kühlwein, die sich auch sonst jederzeit an der Nase herumführen ließ, war der Schulstreich plötzlich abgebrochen worden. Vielleicht hätte er sich bis in die fünfte Stunde (Mathe!) verlängern lassen.

Wo denn da die Gerechtigkeit bliebe! Im Sportunterricht z. B. habe sich, als sie noch in der Sechsten waren, beim Angstsprung über den Bock die Isabel den Arm gebrochen. Und der Fromage – Entschuldigung, der Herr Fromut – habe sie nur zusammen mit der Franziska zum Doktor geschickt, und sie durften dann Völkerball spielen.

Der Rektor habe mit seinem Wutgebrüll die kleinen Fünftklässler total verschreckt, und für die Älteren war's eine Lachnummer.

„Seid ihr noch ganz dicht? Die arme Frau Kühlwein!", hatte sie Franziska unterbrochen und den herzlosen Genossinnen, die nur an ihr Vergnügen und den entgangenen Unterrichtsausfall dachten, leidenschaftlich die Leviten gelesen. Wenn Franziska sich einbrachte, hatten die *Dampfquatschtanten*, wie sie von Daniel, dem *Leithammel* der Jungengruppe, gelegentlich genannt worden waren, Generalpause. Weitere Kreuzer wurden versenkt.

Auch Winter war nicht mehr zu Wort gekommen; sinnlos, die Stimme zu erheben. Also war er auf den Lehrerstuhl gesunken und hatte so getan, als würde er sich in die Klassenbucheinträge der letzten Wochen versenken. Im Geist schrieb er unter *Bemerkungen: Armin Winter geht nach fünfunddreißig Jahren erstmals von Bord.* Wie gut, dass seine hoch gereizten Damen noch nicht wussten, dass sie in der Zehnten in Deutsch und Geschichte von einem anderen (vielleicht neuen?) Besen bekehrt würden! Als es zur Pause gongte, war er grußlos getürmt, bevor ihm irgendwer was anhängen oder zumuten konnte: in sein Auto und den Back-Shop, um nun aus der Zeitung über die neuen Jugendgemeinderäte zu erfahren, wie *uneigennützig, gewissenhaft* und *verantwortungsbewusst* sie ihrer Aufgabe nachgehen sollten.

„Oh Gott!", entfuhr es Winter, denn natürlich grinste ihm aus dem Zwanziger-Gruppenbild unter anderen DJ Ruckel entgegen. In ein paar Jahren würde der ihn vielleicht als Ober-Vereinsmeier oder gar als Bürgermeister Tag für Tag aus der Zeitung angrinsen, und Schulleiter müssten ihn um Mittel für die Beschaffung neuer Laptops anflehen.

Ausnehmend seltsam erschien Winter die Ankündigung des Schützenvereins, dass es beim Schießsportwochenende auch zum *Glücksschießen für jedermann* kommen werde. Wahrscheinlich würden die wenigsten ins Schwarze treffen und trotzdem weiterhin mehr Glück als Verstand haben.

Auch interessant: 1905 hatten die Drucker von St. Petersburg für das Setzen von Satzzeichen den gleichen Lohn gefordert wie für Buchstaben. Das ließ die Streichung von Kommas nach der letzten Rechtschreibreform in ganz neuem Licht erscheinen.

Winter führte einen stillen Kampf: Sollte er heute im Ernst einmal auf eine weitere Tassenfüllung verzichten? Dann kam ihn das Kaffeevergnügen mit 1 Euro 80 aber teuer zu stehen, denn das waren ja fast 3 Mark 60. Wenn man zurückdachte an die (un)seligen Jugendjahre, als die Tasse bei Tchibo 20 Pfennig gekostet hatte! Im Ernst: Theoretisch bot ihm das Endlos-Kaffee-Angebot die Möglichkeit, den Preis für die einzelne Tasse auf das Preisniveau von damals zu reduzieren – wenn er sich nur achtzehn Mal die Tasse füllen ließ und austrank.

Nein, 3 Mark 60, das war einfach zu viel Geld. Wie lange musste er die 7 c ertragen, um es zu verdienen? Da trank er lieber wider alle Vernunft wenigstens noch 'ne Tasse, um die Ertrage-Einheit zu halbieren. Bei achtzehn Tassen übrigens würde die Leidenszeit auf Sekunden schrumpfen (gemessen am Preis für die einzelne Tasse).

Winter stieg vom Hocker und wandte sich an die Back-Shop-Damen.

„Waisch, ich häb gedenkt", sagte die eine, „dassmr die Luftmatratz beim Aral umsonscht kriegt, aber dann verlange die, dassmr auf die Punkte noch 7 Euro 50 drauflegt. Waisch, da kanni glei inen Lade geh."

„Eine Verarscherei ist das, eine jesusmäßige", bekräftigte die andere und nahm freundlich Winters Kaffeetasse in Empfang: „Das Gleiche nochmal?"

Winter nickte. Und wenn er nun schon aufgestanden war, gab er auch seinen Widerstand gegen die kälteste Versuchung auf. Er balancierte die volle Tasse an den Hochtisch und taxierte die Lage an der Supermarkt-Kasse: Großer Andrang hätte ihn vielleicht noch abgeschreckt, aber, siehe da, im Moment würde der coole Luxus-Coup ohne Umschweif gelingen.

Entschlossen schritt er durch die Eingangsbarriere und gleich nach links zur Tiefkühltruhe, grapschte sich das eisige Objekt seines Begehrens und wandte sich zur Kasse. Leider eine Sekunde zu spät, denn aus dem Nichts war eine Frau mit gut gefülltem Einkaufswagen aufgetaucht, steuerte ihn Winter in den Weg und packte alles gemütlich aufs Band.

„Gehen Sie nur vor", sagte sie plötzlich, ohne ihn anzublicken, „Lehrer sind immer im Geschäft."

Himmelhilf! Das war – dochdoch, mit großer Sicherheit – die Mutter einer Karin – vor ca. 20 Jahren –, damals führende Turnfrau am Platze und selbstverständlich Elternvertreterin. Nur – verflixt, wie hieß sie denn? – Nein, Winter hätte sich eher die Zunge abgebissen als zu fragen: Wie war Ihr Name?

„Und", erkundigte sich die Namenlose, „macht Ihnen die Schule immer noch Spaß?"

„Ach, teils, teils, Sie wissen ja, wie es ist: Die Zeiten haben sich geändert." Winter streckte der Kassiererin sein Eis hin.

„Und wir uns auch", sagte die Frau.

Früher, erinnerte sich Winter, hatte sie Optimismus und Tatkraft und den unbändigen Glauben an die wunderbar erzieherische Wirkung des Turnvereins ausgestrahlt. Jetzt sah sie plötzlich genauso alt aus wie er selbst. Gleich würde sie anfangen, ihm ihre Hüftprobleme zu erläutern und wann das Zeitfenster für eine OP am günstigsten wäre. Er hatte sowas des Öfteren erlebt in letzter Zeit.

„Ein Euro vierzig", sagte die Kassiererin. Winter kramte im unübersichtlichen Münzfach seines Geldbeutels und ärgerte sich, dass er sich nicht darauf konzentrieren konnte, endlich unter den vielen Centstücken aufzuräumen und sich von ihnen zu trennen.

„Was macht denn Karin?" Er entschied sich doch für ein Zwei-Eurostück und nahm – die Kassiererin machte das bestimmt mit Absicht – fünf Zehncent- und zwei Fünfcent-Stücke in Empfang. Hatte die vielleicht auch bei ihm im Unterricht gesessen – in einer seiner denkwürdigen Gemeinschaftskunde-Stunden, in denen er jeglichen Überblick verloren hatte, weil die Achtklässler ihm allzu konkret ihre Probleme in der Klassengemeinschaft demonstrierten?

Die Frau lächelte. „Doch, der Karin geht's gut! Sie ist ja Erzieherin geworden und jetzt betreut sie behinderte Kinder."

„Wie schön", sagte Winter, nahm sein Eis vom Band und schob den schon wieder dicker gewordenen Geldbeutel in die Hosentasche. „Da arbeitet Karin wohl mit kleinen Gruppen?", fragte er und fand seine Frage peinlich.

Frau Karinsmutter ließ nicht erkennen, ob sie über Winter längst dachte: Was ist aus dem für ein Trottel geworden! Zugleich piepste es aus dem Scanner, über den die Kassiererin ein Stück nach dem andern aus dem wandernden Förderbandgebirgszug führte.

„Und das ist Gold wert", sagte Frau Karinsmutter. „Klar ist die Arbeit schwierig, aber die Händikäpsele sind ja so was von lieb und dankbar!"

„Das hört man immer wieder", sagte Winter. „Na, das freut mich aber für Karin."

Frau Karinsmutter bezahlte und schob ihren Wagen aus der Kassenschleuse heraus. „Wissen Sie, das Mädle hat's nicht ganz leicht gehabt mit ihrem behinderten Kind. Und dann hat sich der Vater auch noch aus dem Staub gemacht."

„Und jetzt?"

Winter hielt sein Edeleis am Stiel in die Höhe wie ein Ausrufezeichen. Inzwischen hatten sich zwei junge Männer an seinem Tisch niedergelassen und seine Zeitung kurzerhand zusammengefaltet, um Platz zu gewinnen.

„Der Florian geht auf die Sonderschul. Ich fahr ihn jeden Tag hin und hol ihn wieder ab. Ist auch ein ganz Lieber – wie Karin. Oh je, jetzt muss ich aber los: Die Kinder geh'n um elf ins Bad. Da helf' ich immer ein bisschen."

Frau Karinsmutter streckte ihm die Hand hin: „Hat mich gefreut, Sie zu sehen."

„Mich auch", log Winter. „Grüßen Sie Karin von mir – und vielen Dank, dass Sie mich vorgelassen haben."

„Schon recht", rief Frau Karinsmutter und schob schwungvoll und geschickt – sie war offensichtlich doch noch ganz schön fit – ihren Wagen auf den Parkplatz hinaus.

Endlich konnte er dem Eis zu Leibe rücken!

Die jungen Männer nickten ihm freundlich zu, als er erneut seinen Hocker besetzte.

Winter vermied, sie näher ins Auge zu fassen: Womöglich waren das Ehemalige – oder schon deren Söhne? Wartet nur, eine kleine Weile und ihr werdet mich nicht mehr sehen, rief Winter im Geiste allen zu, die ihn umzingelten oder gar umzüngelten, und ging an die Eisverzehrarbeit, die höchste Anforderungen an sein marodes Zahnwerk stellte. Er benutzte seine Mundhöhle nicht als Wärmestube oder Kühlkammer für eingehende Speisen, sondern gönnte seinem Rachen, seiner Speiseröhre und dem Magen den Schock eiskalter und brandheißer Speisen oder Getränke – oft auch in abruptem Wechsel. Deshalb nahm er jetzt einen Schluck aus der Tasse – und war enttäuscht: schon lauwarm, der Kaffee!

Die beiden jungen Kerle hatten ihre maulsperrenden Sandwiches in gutem Tempo vertilgt. Der eine zog – gewohnheitsmäßig, wie Winter das aus früheren Lebensphasen kannte – eine Zigarettenpackung aus seiner Hemdbrusttasche und bot dem anderen eine Zigarette an.

Der aber führte, statt einen Sargnagel zu erfingern, den Zeigefinger an die Schläfe: „Wirsch dich beherrsche könne!", sagte er und lachte.

Erschrocken und mit einem Peinblick auf Winter steckte der Fastsünder die Schachtel wieder ein. Dem drohte gerade ein größeres Stück des Eisüberzugs zu Tisch zu stürzen, doch er konnte mit einem entschlossenen Happs den Absturz gerade noch verhindern. Nun war ihm der Mund aber gänzlich vereist.

„Das tät' jetzt grad noch fehle", äußerte der Retter, „gell, Herr Winter. In den USA kriegt man schon fürs Anbieten in einer Nichtraucherzone ein Bußgeld."

„Korrekt", bestätigte der andere, „und in Singapur landesch du im G'fängnis, wenn du öffentlich ein Kaugummi kausch."

Winter beschleunigte, so gut es ging, die Schokoladen- und Eisschmelze in der Mundhöhle, denn erst, wenn sie wieder halbwegs leer war, vermochte er sich am Meinungsaustausch zu beteiligen, was die beiden offenbar wünschten. Mit noch etwas lahmender Zunge fragte er: „Sie kennen mich? Dann sollte ich Sie wohl auch kennen, aber im Moment weiß ich nicht, wo ich Sie hinstecken soll. Entschuldigung!"

„Neinnein", wehrte der potenzielle Raucher ab, „ich bin nur der kleine Bruder. Meine Schwester Melanie hatte Sie, ich glaub', in Deutsch, kann das sein? Das ist aber schon ein paar Jahre her."

„Dann heißen Sie Neumeier, stimmt's?"

„Ha ja! Das ist aber nett, dass Sie sich an meine Schwester erinnern. Die hat damals richtig geschwärmt."

„Für meinen Deutschunterricht?"

„Wie man's nimmt", lachte Neumeier. „Die Tochter von der Melanie kommt jetzt übrigens auf die UHU. Vielleicht kriegt die Tanja Sie?"

„Hätte mich gefreut", sagte Winter, „aber die fünften Klassen sind schon in festen Händen. Sagen Sie Ihrer Schwester bitte meine Grüße."

„Mach' ich gern, und Tschüß, wir müssen!"

Winter nickte. Just stieg ihm die Kälte in Neben- und Stirnhöhlen und verursachte dort eine erstklassige neuralgische Darbietung: einen bohrenden Druck, der zu einem dumpfen Schmerz konglomerierte und den Wunsch weckte, im Oberstübchen ein Fensterchen zu öffnen. Doch die Schmerzattacke klang schnell wieder ab. Nach einer Schonpause nahm Winter vorsichtig einen Schluck lauwarmen Kaffee und behielt ihn ein bisschen im Mund, damit sich die Kopfverkühlung wieder verflüchtigte. Dann wendete er sich mutig den immer noch erheblichen Eisresten zu, die mit dem Holzspatel innig verbunden waren. Das war stets das herbe Ende des Eisvergnügens: Sicher, er hätte mit dem Spatel im Mund eine Weile am Tisch sitzen können – einfach so, bis die Eis- und Schokoladenreste sich von selbst auflösten. Doch wie sah das aus! Da hockte der alte Realschul-Sack auf dem blöden Barhocker im Back-Shop, wo ihn offensichtlich jeder kannte – wie ein Kind mit einem Lolly im Mund. Doch schon das Vorgefühl, wie er mit den oberen Grinsezähnen die Reste vom Spatel herunterschaben würde, machte ihm Gänsehaut. Diesen mehr als unschönen Abschluss des Eisvergnügens zu vermeiden, indem er darauf verzichtete, am Ende einen nichtklebrigen, absolut sauberen, ja, durch den Speichel sogar (weitgehend) keimfreien Spatel in die Hemdbrusttasche stecken zu können, wäre ihm nie in den Sinn gekommen – nicht nur, weil er auch sonst darauf bedacht war, nichts zu hinterlassen, was andere ekeln könnte, sondern auch, weil man ihm schon als Kind eingebläut hatte, dass Lebensmittel, die einem gewissermaßen der liebe Gott persönlich in den Mund steckte, restlos zu vertilgen waren.

Er sah auf die Uhr – noch sieben Minuten: Vor der Tür zum Computerraum warteten seine Heldinnen und Helden aus der 7 c jeden Dienstag, sechste Stunde, sehr aktiv auf ihn. Dass Katrin über Norman herfiel – in den letzten Wochen auch schon mal brutalerotisch, sah man genauer hin –, erregte erst dann Aufsehen, wenn die Pause vorbei war. Und heute, nach dem missratenen Schulstreich, würde Ruprecht jeden, dem das winzigste Säumen unterlief, zurechtfauchen, denn: Warum kam es in der Schule zu unliebsamen Vorfällen? Weil Kollegen wie Winter seit Jahren (!) *Law and Order* an dieser Schule *lasch-libertär* unterliefen. Nur deshalb passierten Unfälle, nur deshalb war die Unglücksrabin Kühlwein letztlich gestürzt! Mit dem Pausengong hatte der Lehrer im Tor zu stehen – und wer das nicht wollte und behauptete, er schaffe dies nicht aus diesem oder jenem Grund, der sollte besser heute als morgen das Spielfeld für einen Frischling räumen.

Was machte Winter überhaupt noch rum! Ihm war wohl der Sinn für Prioritäten vereist! Sonst hätte er jetzt nicht noch seine Tasse an der Back-Shop-Theke abgegeben und die Abfälle entsorgt und die Zeitung an ihren Haken gehängt!

Zwangsläufig führt all das zu einer Verkürzung Ihrer ITG-Stunde, auf deren Gesamtzeit Schüler einen Anspruch haben, und wenn man Sie beobachtet, Herr Winter, ist sonnenklar, dass Sie mit Ihrem scheinheiligen ökologischen Gewese und Gehabe nur die Mondnacht verkürzen wollen, mit der Ihre Schüler dann nie fertig werden. Ich ziehe daraus den Schluss, jede Minute, die Sie mit Schülern verbringen sollen, ist Ihnen zu viel!

Und nun? Da *hatte er fertig* – den Salat: An der Ausfahrt des Parkplatzes war es gerade zu einem kleinen Auffahrbummsfall gekommen, und das Dumme war, dass auf der Einfahrtspur ein Auto dem anderen folgte. Hätte er nur fünf – ach was – drei Minuten früher Fersengeld gegeben, wäre er mit dem Gongschlag in der Schule angelangt. Das war nun Schicksal. Sollte Winter Iris Berling, die liebe Schulsekretärin, anrufen, um einen Fall höherer Gewalt zu melden? Dann fiele, was da vor der Tür zum ITG-Raum übereinander stürzte, nicht mehr in seine Verantwortung. Winter stellte den Motor ab und machte die Seitenfenster auf. Ja, Herr Ruprecht, Sie haben recht: Jeder Anlass, Schülern fernzubleiben, ist mir nicht unlieb. Die Bummsgegner konnten sich nicht einigen – bestellten gar die Polizei? Gut so – dagegen war Winter machtlos. Was bitte? Ob er sich überlegt habe, das Auto stehen zu lassen und zu Fuß (keine fünf Minuten) in die Schule zu eilen? Schonschon, aber da sei keine Parklücke in Sicht gewesen. Ob Ruprecht unter diesen Umständen seinen Audi einfach hätte im Weg stehen lassen?

Nanu? Plötzlich ging es weiter: Die Unfallgegner fuhren ihre Karossen aus dem Weg. Jedenfalls hatte Winter jetzt eine plausible Entschuldigung für seine immer noch kaum nennenswerte Verspätung.

# 9

Seine Schüler hatten es sich links und rechts von der Tür auf dem Boden bequem gemacht, eigentlich ganz annehmbare Menschen aus der Vogelperspektive.

„Was machen wir heute?", begrüßte ihn Dominik.

„Das verrate ich noch nicht", war Winters Antwort.

„Wieder so 'ne blöde Power-Point-Präsentation?", fragte Thomas.

„Herr Winter", klagte Jenny, „das ist unsere letzte ITG-Stunde. Sie haben uns versprochen, dass wir ins Internet dürfen."

Winter hantierte mit dem Schlüsselbund.

Absturz: Heute ging aber auch alles schief.

Michael lachte ungeniert. Winter ging seufzend in die Hocke und nahm den Schlüsselbund wieder auf.

„Früher", klagte er den Umherlümmelnden, „hätten sich sofort fünf, sechs Schüler zu Boden geworfen, um ihrem Lehrer den Schlüssel aufzuheben!"

Keiner verzog eine Miene.

„Es ist so heiß", quengelte Katrin, „warum kriegen wir kein Hitzefrei?"

„Heut' Nachmittag habt ihr doch frei", erinnerte Winter.

„Aber bloß wegen der Notenkonferenz und nicht wegen der Hitze", erwiderte Jenny. „Also dürfen wir ins Internet?"

„Ja", sagte Winter, „aber gezielt. Wir brauchen einen Text und Bilder."

Endlich gelang es ihm, die Tür aufzusperren, doch anstatt nun den Schülern mit ihren überschüssigen Kräften das Aufstemmen einfach zu überlassen, stemmte und hielt er ihnen die Tür auf. Was sie für eine selbstverständliche Dienstleistung hielten.

Im Computerraum herrschte dicke Luft, das wurde sofort bemerkt und kritisiert. Die Fenster zu öffnen überließ man aber auch dem bezahlten Dienstleister, denn jeder hatte es eilig, an seinen Arbeitsplatz zu stürzen und sofort den Computer einzuschalten. Wieder mal hatte Winter versäumt, es den PC-Süchtigen noch draußen vor der Tür ausdrücklich zu verbieten. Nein, das stimmte nicht: Er war es einfach müde, diesen aussichtslosen Kampf immer wieder durchzufechten. Fuhren die PCs erst hoch, waren Fakten geschaffen, und man stellte, kam Winter mit seinen langatmigen Erklärungen nicht vom Fleck, schon mal eine Telefonverbindung mit dem PC am Fenster her und gab seiner Wunschpartnerin kleine Ohrfeigen, wie etwa: *Du siehst heute aus wie deine eigene Oma*. Oder man schlich sich, während Winter redete und redete, ins Internet auf Bushidos Website, um dort zu lesen *Ich plane Morde und Vergewaltigungen mit Beck's und Gras. Spürst du mein Messer, das war's* – echt geil!

„Worum es heute geht, wollt ihr wissen – um das schönste deutsche Gedicht in den Augen vieler Kenner. Es heißt *Mondnacht* und ist von Joseph von Eichendorff: ‚Es war, als hätt der Himmel die Erde still geküsst ...' Ja, Marcel, du willst was fragen?"

„Das versteh' ich nicht", sagte Marcel. „Ich meine, es gibt doch so viele Gedichte."

„Klar, jede Menge", gab Winter zu. „Also, was verstehst du nicht?"

„Na, wieso das jemand behauptet. Die Katrin schreibt auch schöne Gedichte."

„Stimmt", pflichtete ihm Florian bei. „Soll ich mal vorlesen, was sie heut' früh geschrieben hat?"

„Du Arsch!!", schrie Katrin. „Gib sofort den Zettel her."

„Schluss!", rief Winter, „oder soll ich euch zwei vor die Tür setzen und die Hausordnung abschreiben lassen?"

„Ich hab' überhaupt keinen Zettel", räumte Florian kleinlaut ein.

„Dann halt' die Lapp!", zischte Katrin.

„Also Marcel", nahm Winter den Gesprächsfaden wieder auf, „du hast natürlich recht, ein Gedicht kann man mögen oder nicht."

„Wie ein Gericht", warf Florian ein.

„So isses: wie ein Gericht, das auch nicht jedem schmecken muss. Deshalb habe ich ja auch gesagt *in den Augen vieler Kenner.*"

„Sind Sie auch einer?", fragte Marcel. „Wie viele Gedichte kennen Sie?"

„Na, ich denke, fünftausendneunhundertachtundfünfzig."

„Darunter sind dann aber viele schlechte – oder?", mutmaßte Marcel.

„Wie bei dem Sido", pflichtete Florian bei.

„Wie bei wem?", fragte Winter.

„Ach nichts, ich mein' nur", wich Florian aus.

„Arschficksong", hörte es Winter Katrins schönen Lippen entweichen und beschloss lieber nichts gehört zu haben, denn er war sicher, eine Nachfrage würde zu keinen weiteren Auskünften führen. Ohne die verdammten Hörstöpsel hätte er Katrins Beitrag gar nicht verstanden.

„Es gibt Bücher", erläuterte Winter, „mit den Gedichten, die viele Literaturwissenschaftler für wichtig und für gut halten."

„Wann fangen wir denn endlich an?", quengelte Jenny.

„Einen Moment noch, gleich dürft ihr die *Mondnacht* ergoogeln."

„Ja, und dann?", fragte Marcel.

„Eben", triumphierte Winter, „das ist ja nur der erste Schritt."

„Und dann müssen wir daraus eine Power-Point-Präsentation machen?", fragte Katrin.

„Mit dem Text, ja", bestätigte Winter, „aber auch mit einigen Hintergrundbildern."

„Hat das auch so viele Strophen wie ... wie das mit der Hand und der Schrift an der Wand?", stöhnte Florian.

„Oh nein!", jammerte Katrin, „und das wird benotet?"

„Wort für Wort", erklärte Winter. „So, und jetzt fangt an. Eigentlich wollte ich euch noch was über das Copyright bei Texten und Bildern erzählen, aber im nächsten Schuljahr habt ihr ja noch mal ITG."

„Was heißt das eigentlich – ITG?", fragte Marcel.

„Informationstechnische Grundbildung", antwortete Winter, „so ähnlich wie *Lesen und Schreiben* in der ersten und zweiten Klasse."

Auf den ersten Bildschirmen sah Winter bereits Eichendorffs Gedicht. Im Handumdrehen hatten auch die Ersten Mondnacht-Bilder, wie *Zwei Männer in Betrachtung des Mondes*, kopiert und setzten sie in Powerpoint-Folien.

„Fertig!", rief Florian nach drei Minuten. „Kommen Sie mal, Herr Winter!"

Natürlich hatte Florian den ganzen Text in eine einzige Folie auf Caspar David Friedrichs Bild geknallt.

„Steh bitte mal auf, Florian", ersuchte ihn Winter und setzte sich auf dessen Drehstuhl. „So! Und jetzt geh zwei Schritte zurück – ich will dir deine Präsentation vorführen – also. Lies mir mal bitte den Text vor."

Florian näherte sich wieder dem Monitor, bis er in einer Entfernung von knapp einem Meter etwas entziffern konnte.

„Was muss Florian ändern, was meinst du, Jenny?"

„Er muss die Schrift größer machen und den Text auf mehrere Folien tun", sagte sie erwartungsgemäß.

„Dann brauch' ich ja noch mehr Bilder", seufzte Florian.

„Ich hab' gleich von mehreren gesprochen. Stimmt's, Jenny?"

Jenny blies sich die Haare aus dem Blickfeld und nickte heftig.

„Und wenn du welche gefunden hast, die zu einzelnen Strophen passen, dann legst du Extrafolien an. Vorher musst du aber den Text richtig lesen, sonst weißt du ja nicht, was für Bilder sich eignen."

„Lesen?! Das versteh' ich sowieso nicht, das alte Zeug!", protestierte Florian.

„Versuch's halt", ermunterte ihn Winter, „und wenn du nicht ganz fertig wirst, ist das auch nicht schlimm. Was sage ich immer, Jenny?"

„An richtigen Einzelschritten können Sie viel mehr sehen, ob wir uns mit der Sache wirklich beschäftigt haben, als an einem schnellen Ergebnis."

Täuschte er sich oder schlich sich in Jennys Wiedergabe von Winter-Maximen ein gelangweilt-leiernder Unterton ein?

„Schauen Sie sich das alles noch vor der Konferenz an?", fragte Florian.

„Aber ja", log Winter, „und für jemanden, der bis jetzt zwischen zwei Noten steht wie du vielleicht, kann das heutige Ergebnis ausschlaggebend sein."

„Sagen Sie uns die Noten!", forderte Katrin.

„Du hast nicht richtig zugehört", stellte Winter fest. „Was habe ich eben gesagt, Jenny?"

„Dass jemand, der zwischen zwei Noten steht wie der Florian, heute den Ausschlag kriegt, nein, ich meine, heute entscheidet sich erst, was er für 'ne Note kriegt."

„Steh' ich auch dazwischen?", fragte Katrin.

„Das weiß ich nicht aus dem Kopf", gestand Winter.

„Aber Sie haben doch Ihre Liste dabei." Wenn Katrin sich verbiss, ließ sie so schnell nicht locker.

„Die Liste, Katrin, hab' ich leider im Lehrerzimmer gelassen."

„Au, darf ich sie holen?", schaltete sich Thomas ein.

„Warum geht das nicht?", fragte Winter.

„Weil das Lehrerzimmer nur von Lehrern betreten werden darf", deklamierte Thomas.

„Und wo steht das?"

„In der Hausordnung", seufzte Thomas.

„Aber Sie können doch selbst ins Lehrerzimmer gehen und sie holen", insistierte Katrin.

„Nein", beschied Winter, „damit verletze ich meine Aufsichtspflicht."

„Weil wir dann Pornoseiten angucken", äußerte Michael.

„Du vielleicht", bemerkte Katrin.

„Und was guckst du? Anastacia, die Schlampe!"

„Es war als hätt der Himmel die Erde still geküsst", deklamierte Winter. „Ich bin wirklich gespannt, wie ihr so überhaupt zu Ergebnissen kommen wollt."

„Wer will das denn?", raunte Katrin.

„Sei nicht so frech", wies Thomas sie zurecht.

„Macht nur so weiter", schloss Winter, „werdet schon sehen, was ihr davon habt."

„Schlechtere Noten", stellte Jenny fest.

Noten – Porca miseria, die Karteikarten! Lagerten seit Stunden in der Schublade des Lehrertisches! Und dabei hatte Spätzle ihm erst im Januar heilige Eide abgepresst, dass er niemalswieder Karteikarten zum Noteneintragen aus dem Lehrerzimmer entfernen würde! Dort lauerte jetzt der Kollege.

Er zog die Schublade auf: Porca miseria maxima, die Karteikarten waren verschwunden! Winter ging auf dem Lehrersitz nieder: Hatte er sie in die untere Schublade gesteckt? Die quoll über von Anschluss- und Verbindungskabeln, toten Mäusen, einer Tastatur – einer verdreckten.

Hatte Treutsch sie mitgenommen?

Und wenn die nun auf Nimmerwiedersehn verschwunden blieben, genau wie das heilige Klassenbuch der 7 c? Ohne Zweifel würden Sylvia Oberding und Treutsch bezeugen, dass er noch unlängst im Computerraum (also außerhalb des Lehrerzimmers!) mit ihnen herumgewedelt hatte.

Nicht auszudenken: Ein solcher Verlust zerstörte die Konferenzruhe total. Sogar Fernverbindungen würden heimtückisch geknüpft, um Winter mit der Nase in den Mist seines Tuns zu stoßen. Wenn beispielsweise der fiktive Bruder von Katrin, ein Fünftklässler, in Deutsch, Mathe und Englisch schwächelte, hätte man zur Erhellung die ebenfalls miesen Leistungen der Schwester herbeizitieren können, und zwar glasklar in Zahlen, ohne sich langatmige Kommentare enttäuschter Kollegen anhören zu müssen – wenn der Klassenlehrer die Karteikarte vor der Nase gehabt hätte. Flugs wäre die Familie erledigt gewesen.

So aber würde erörtert und erwogen, abgeschätzt und prognostiziert, und am Ende wäre man sich total uneins, ob man den Eltern raten sollte, ihren Sohn doch lieber auf die Hauptschule zu schicken (und sein Zuckerstück von Schwester gleich mit) – und das alles nur, weil Winter die Karteikarten hätte mitgehen lassen.

Todsicher nähme das Knecht zum Anlass, säuerliche Tiraden über diese allzu laxe (nämlich Winters) und die rechte (nämlich seine) Dienstauffassung abzulassen, was Zordel wie gewöhnlich zu witzig gemeintem Wortgezündel über Rechte und Linke, die nichts voneinander wüssten, verleitete – bis Ruprecht, hochrot im Gesicht wie kurz vor einem Herzkasper, dazwischenfuhr und alle abkanzelte wie seine Schüler.

Auf diese Weise am herbeigesehnten Schuljahrsende noch einmal ins Scheinwerferlicht zu geraten, wäre übel. Winters letzte Hoffnung richtete sich auf Treutsch, der im Unterschied zu anderen, die jeden Pups zur Duftwolke verklärten, still zur Tat schritt und sich nie plusterte.

Wenn Winter sich von seinem Sitz zu einem Kontrollrundgang erhob, passierte ungeheuer viel: Telefonkästchen wurden kleingeklickt, versaute Websites verschwanden von der Bildfläche und alle Monitore hatten nur noch Eichendorffs *Mondnacht* im Visier.

„Herr Winter, kommen Sie her, jetzt bin ich wirklich fertig", forderte Florian lauthals, „ich will endlich ins Internet!"

„Und ich", bremste Winter, „will erst sehen, was du mit unserer *Mondnacht* angefangen hast."

Betont langsam ging er zu Florian hinüber, der vor Ungeduld schier in den Monitor hineinkroch und schon wieder vergessen hatte, beim Anlegen seiner Präsentationsfolien auf Weitenwirkung zu achten: Zwar hatte er nun, wie verlangt, den Text zerstückelt, aber die Schrift war immer noch viel zu klein und wurde von dunklen Bildflächen verschluckt.

„Langsam", verlangte Winter, „das hier ist kein Rap, sondern ein Gedicht, das stimmungsvolle Ruhe vermitteln will. Außerdem muss dem Betrachter nicht nur Zeit bleiben zu lesen, sondern er soll die Gesamtstimmung deiner Text-Bild-Komposition erfassen."

„Meiner was?", fragte Florian.

„Deiner Bild-Text-Zusammenstellung, denn du hast dir dabei ja was gedacht."

„Nö", gab Florian zu, „ich hab' bloß Bilder gegoogelt."

„Der googelt wie er vögelt", raunte Katrin, „in einem Affenzahn."

„Hauptsache, alles schön dunkel", versuchte Winter Katrins Bemerkung zu übertönen.

„Die steckt gerade im Schlampenloch", brummte Thomas und tat, als sei er mächtig mit den letzten Eichendorff-Versen beschäftigt: *Und meine Seele spannte weit ihre Flügel aus, flog durch die stillen Lande, als flöge sie nach Haus*. Sein Hintergrundbild zeigte, als Winter es in Augenschein nahm, einen Kampfhubschrauber des Typs Super Cobra im Anflug auf ein Ziel – wahrscheinlich im Irak.

Winter seufzte.

Thomas sandte ihm einen Seitenblick: „Ich find's super. Soll ich Ihnen zeigen, wie ich den Spruch animiert habe?"

Winter seufzte erneut, doch Thomas fuhr seine Präsentation schon ab.

Auch die Buchstaben kamen geflogen – in Spiralbewegungen und einzeln – und landeten mit martialischen Geräuschen im Nachthimmel, vermutlich über Bagdad. „Das ist der Soundeffekt *Querschläger*", erklärte Thomas, „find' ich geil."

„Find' ich auch", seufzte Winter. „Sowas von!"

„In fünf Minuten gongt's", meldete Florian.

„Scheißspiel", motzte Katrin.

„Also: Raus aus dem Internet, Powerpoint-Datei am richtigen Ort speichern, Programme schließen und Rechner runterfahren!"

„Und meine Präsentation haben Sie gar nicht angeschaut", jammerte Jenny. „Die ist total schön."

„Die guckt sich der Winter in den Sommerferien an", glaubte Winter hinter seinem Rücken im Flüsterton zu hören und ließ auch diese Äußerung auf sich beruhen – wie so manches, das ihm nicht nur zu Ohren, sondern auch zu Bewusstsein kam, seit der Akustiker sein Hörvermögen unheimlich gemehrt hatte.

„Die guck ich mir in der Mittagspause an, Jenny, und morgen sag' ich dir, wie sie mir gefällt, O.K.?"

In Nullkommanichts sammelten sich (und rammelten) Thomas, Katrin, Florian und Michael an der Tür.

„Dürfen wir schon gehen?!", rief Michael. Diese Frage stellte er heute an diesem Ort zum fünfunddreißigsten Mal.

Nicht immer hatte Winter Nein gesagt. Im Vorfrühling zum Beispiel war Ruprecht wegen eines Schleudertraumas für zwei Wochen ausgefallen: Er hatte an einer Ampel, die gerade auf Gelb sprang, hartpädagogisch gebremst, und der ihm hintendrauf brezelte, war, welche Fügung, der ehemalige (nun schon legendäre) Schulsprecher Mehmet Trummscheit gewesen, der seinem Schulleiter fast eine Dienstaufsichtsbeschwerde beschert hatte – wegen eines sehr hitzigen Zurbrustnehmens.

Doch allzu bald war Ruprecht mit einem orthopäd(agog)ischen Stehkragen wieder aufgetaucht, weil er das Gefühl hatte, ohne ihn müsste alles drunter und drüber gehen, und auch Winter hatte seine Schäfchen wieder bis zum Gongschlag im Computerpferch gehalten.

„Draußen wartet der böse Wolf und frisst alle, die zu früh auftauchen", knurrte Winter.

„Wen meinen Sie denn mit dem *bösen Wolf*?", fragte Michael.

„Ha, den Ruprecht!", platzte Katrin heraus.

„Ich meine, was ich sage", gab Winter bekannt, „und im Übrigen heißt unser Rektor immer noch Herr Ruprecht."

„Die Katrin sagt auch immer, was sie meint", bemerkte Thomas, „gell, Katrin?"

„Das stimmt überhaupt nicht", protestierte Katrin, und gab Thomas einen kräftigen Rippenstoß. „Von dir lass ich mir nichts anhängen!"

Thomas jaulte auf wie ein argloses Wölflein und versteckte sich hinter Florian. Mit Katrins Hilfe hatten schon andere (und gelegentlich auch er) die Erde geküsst.

„Schluss jetzt!", rief Winter, „hier im Computerraum wird nur gegoogelt."

„Wer im Computerraum rangelt, fliegt raus", quakte Jenny, die nun auch ihren PC heruntergefahren hatte, im Winter-Sound.

„Auja!" Michael war Feuer und Flamme und begann sofort mit Schattenboxen, wobei die eine oder andere Figur etwas daneben geriet und Urheber des Schattens traf. Zum Glück gongte es, und so blieb es Winter erspart, dem Schattenboxer das Faustwerk zu legen, denn der riss sofort die Tür auf und ergriff die Flucht. Trotzdem rief Winter den Hinausdrängenden nach (auch diesen Spruch kannten alle zur Genüge):

„Geht mit Gott, aber geht!"

Der Letzte im Raum war Torsten. Er ließ sich immer viel Zeit. Torsten und Winter führten seit Schuljahresbeginn ein nie endendes, nur immer wieder tageweise unterbrochenes Gespräch über die Schinken, die Torsten gerade verschlang. Vor einer Woche war er von Karl May auf Edgar Wallace umgestiegen.

„*Der Hexer* ist stark", meldete er.

„Dochdoch, ich erinnere mich", bestätigte Winter. „Hast du eigentlich schon was von Chesterton gelesen?"

„Nein, der ist mir jetzt noch nicht in die Finger geraten."

„Also, wenn du mit Edgar Wallace fertig bist, dann würd' ich dir raten ..."

„Oje", unterbrach Torsten, „von dem gibt es 40 Bände!"

„Wenn das mal reicht!", bestätigte Winter. „Wie lange brauchst du, bis du einen gelesen hast?"

„Es kommt drauf an, wann ich lese! Manchmal schlaf' ich abends im Bett ein. Aber im Allgemeinen schaff ich so ein Buch in drei bis vier Stunden."

„Na, das ist eine schöne Leistung."

„Obwohl, der Wallace wiederholt sich auch, und wenn man fünf oder sechs Bücher von ihm kennt, weiß man schon, wie der Hase läuft."

„Dann könntest du doch eigentlich aufhören ..."

„Ja und nein würd' ich sagen, man ist ja trotzdem gespannt, was noch alles passiert."

„Na gut", schloss Winter, „dann wünsche ich dir weiterhin spannende Unterhaltung ..."

„... mit Krombacher. Jetzt haben Sie gerade geredet wie die vorm Tatort."

„Stimmt", lachte Winter, „gut, dass du es mir sagst, das wär' mir selbst nicht aufgefallen."

„Also dann: Ich wünsch' Ihnen eine schöne Konferenz. Und seien Sie uns gnädig."

Winter musste lachen über dieses Wort aus Kindertagen, als er brav wie ein kleiner Engel mit glockenheller Musterknabenstimme in der Kirche eingestimmt hatte: *Oh, sei uns gnädig, sei uns barmherzig ...*

„Gehst du manchmal in die Kirche, Torsten?"

Der Junge drehte sich um und sah Winter an, als habe er ihm eine Schandtat vorgeworfen. „Nein", sagte er schließlich. „Aber wie kommen Sie denn darauf?"

„War nur so 'ne Idee. Weil das Wort *gnädig* aus der Umgangssprache verschwunden ist."

„Kann schon sein", gab Torsten zu, „dass ich das irgendwo gelesen hab'. Jetzt, wo Sie es sagen: Ich schätze, ich nehm' es nur bei bestimmten Leuten in den Mund. Mein Vater lacht immer, wenn ich so geschwollen daherrede. Und meine Schwester wird regelrecht wütend."

„Und deine Mutter?"

„Die lacht auch, aber ich glaub', die freut sich sogar."

„Ich auch, Torsten, ich freu' mich auch. Also: Ich wünsch' dir einen schönen Lesenachmittag mit vielen neualten, geschwollenen Wörtern!"

„Vielleicht geh' ich in den Keller, da ist es kühl. Obwohl – wenn meine Schwester da wieder an ihren sogenannten Schmuckstücken herumhämmert, kann ich das vergessen. Aber dann gibt es ja immer noch den Friedhof. Wenigstens bis sechs, halb sieben. Dann kommen die Kannengießerinnen und wollen wissen, was ich lese. Und wenn ich ihnen mein Buch zeige, also zum Beispiel *Der Hexer*, denken die gleich, ich bin ein Perverser."

„Und was meinst du?"

„Ich find's normal. Aber ich kann auch vorher heimgehn, wenn ich nicht die Zeit vergesse."

„Du könntest einen Wecker mitnehmen."

„Ja, schon. Ich würd' aber trotzdem weiterlesen, wenn's gerade spannend ist."

„Würdest du mit einem spannenden Buch auch am Strand sitzen bleiben, wenn ein Tsunami käme?"

Torsten schaute Winter überrascht an. Dann grinste er.

„Ich war noch nie am Meer und bin noch nie an einem Strand gehockt, und ich habe das auch nicht vor. Obwohl – man weiß nie."

„Genau", bestätigte Winter, „stell dir mal vor, du lernst später jemanden kennen, der sich ganz arg wünscht, im Sommerurlaub am Strand zu liegen."

„Da kommt es sehr darauf an, wie arg ich die Frau mag. Klar, aus Liebe wird man auch schon mal in einen sauren Apfel beißen, schätz' ich. Aber zur Regel werden sollte es nicht."

„Ich seh' schon", seufzte Winter, „ein pflegeleichter Partner wirst du nicht."

„Ich kann mir eigentlich nicht vorstellen, dass sich eine Frau für mich interessiert, die nur Bock aufs Baden hat."

„Na ja", sagte Winter, „manchmal gibt es in dieser Beziehung tsunamimäßige Überraschungen. Nicht umsonst heißt es: *Ja, wo die Liebe hin fällt!*"

„Dann muss man sich halt wegducken", sagte Torsten. „Oder man wird gleich Einsiedler."

„Das wünsch' ich dir aber nicht", sagte Winter, zerrte die widerständige Tür auf und ließ seinem Seelenverwandten den Vortritt.

Natürlich thronte im Lehrerzimmer schon Lothar Spätzle und trug in aller Seelenruhe seine Musik-Noten ein. Er blickte kurz auf: „Vorhin habe ich zu Sylvia gesagt, der Armin hat zweifelsohne was Sportliches an sich, wenn man ihm so beim Eierlaufen zusieht – im Gegensatz zu unserem Wolf Lichtwald – nein, der – eine Katastrophe!"

„Gut", gab Winter zu, „einigermaßen beweglich bin ich schon noch, aber viel gehalten habe ich noch nie von der Zwangsjacke Sport."

„Du", gab Spätzle zurück, „ob du es glaubst oder nicht – ich auch nicht. Ich hab' zwar Sport als Fach studiert. Das war halt das Einfachste damals. Und als junges Bürschle denkt man nicht daran, wie man in dreißig Jahren in der Turnhalle den Salto vitale durchstehen wird. Ganz ehrlich: Ich mach' viel lieber Musik und überlass' das Herumhampeln den Jungen."

„Das hätte die Friederike lieber auch tun sollen."

„Mensch, da hast du recht. Die arme, arme Sau!", rief Spätzle und schaute Winter eindringlich an.

„Also für mich ist das", sagte Winter und wusste einen Moment nicht, wie es weitergehen sollte, „... für mich ist das ein klarer Fall von Sackhüpfen in den Ruhestand."

„Du meinst: absichtlich? Das glaube ich nicht!" Spätzle wiegte nachdenklich sein graumähniges Haupt. „Muss man sich nur mal vorstellen: Dienstunfall beim Sackhüpfen!"

„Nein", wehrte Winter ab, „in so 'ner Situation absichtlich zu stolpern, käme Harakiri gleich, aber man weiß ja nie so genau, was sich alles im Souterrain des Oberstübchens abspielt."

„Auch wieder wahr. Na, warten wir's ab, was ihr fehlt. Mindestens eine Gehirnerschütterung hat sie. Und die Jüngste ist sie auch nimmer."

Hinter Winter ging die Tür auf, und Ruprechts Stimme traf ihn ins Kreuz: „Wo sind die Karteikarten der 7 c? Wenn ich den erwische, der immer wieder die Karten in den Unterricht mitnimmt!"

„Reg' dich ab, Bernhard, hier sind sie!" Spätzle hob sie in die Höhe.

„In der letzten Pause waren sie nicht da: Lothar, gib's zu, du hattest sie! Das gibt einen Vermerk in der Dienstakte."

„Du hast sie wohl nicht alle, Bernhard. Ich bin drei Minuten vor dir gekommen und hab' sie eben aus dem Karteikasten gezogen."

„Aber irgendwer muss sie entfernt haben! Das ist das letzte Mal, dass ich Kollegen hinterherrenne! Im nächsten Schuljahr sperre ich den Karteikasten ins Rektorat. Und dann müssen die, die sich nicht an Absprachen halten können, eben bei mir antanzen! Bis gestern um zwölf sollten alle ihre Noten eingetragen haben!"

„Das ist doch Jahr für Jahr das Gleiche", wagte sich Winter, dem ein Stein von der Seele gefallen war, aus der Deckung.

„Genau, das ist es ja! Aber nächstes Jahr wird's anders – basta!", drohte Ruprecht.

„Und du hältst dich dann auch an den Termin, gell", sagte Spätzle gelassen und streckte Ruprecht die Karten hin, der sie ihm mit einem verächtlichen Schnauben aus der Hand riss und Richtung Rektorat abschob.

„Im Prinzip wissen alle, wo's lang geht." Spätzle seufzte abgrundtief.

Mit einem Mal verstand Winter, dass dieser *Kerl*, Ruprechts Bruder im Geist, es aufgegeben hatte, seinem Chef die Stirn zu bieten, einem Kumpel, mit dem man brutal saufen und singen und lachen konnte, wenn der Betriebsausflug im Nebenzimmer eines Gasthofs endete und dann selbst die Stammtischbrüder vor der Stimmpotenz der Lehrer das Weite suchten.

# 10

Winter schnürte durch den Medien-Markt. Mit seinen Noten war er fertig, das Anschauen der Mondnacht-Präsentationen ersparte er sich ohne schlechtes Gewissen, und bis zum Beginn der Konferenz blieben anderthalb Stunden.

Eine Schnapsidee: Statt sich mit seinesgleichen in einem schattigen Gartenlokal niederzulassen und auf Gott und die Kultusministerin zu schimpfen, wollte er einen Adapter für eine optische Mini-Maus erjagen, die er sich unlängst geschenkt hatte. Eigentlich ein Mini-Mäuserich, denn das Ding hörte auf den Namen *Typhon* und gemahnte an den Sohn der Gaia und des Tartaros, jenes Monster, das mit Echidna weitere Ungeheuer wie Kerberos, Orthos und die Hydra zeugte. Leider hatte er nicht bedacht, dass sein vor drei Jahren gebraucht erworbener Laptop nicht über eine USB-Buchse verfügte. Das ungeheure Mäuschen war ein Schnäppchen – und sicher ganz flink und willig, doch was nützte diese An- und Aussicht, wenn Winter sich mit ihm nicht ins Wortgetümmel stürzen konnte und sich – täglich verdrossener – mit der braven, immer lahmeren Kugelmaus abquälte, deren Kontakte sich immer wieder mit zähen Hausstaub-Substanzen zugesetzt hatten. Weder das Entfettungsbad für die Kugel noch operative Pinzetteneingriffe in ihren Bauch nützten auf Dauer. Der Mauszeiger torkelte wie betrunken über den Bildschirm, und wenn Winter ihn endlich an der richtigen Stelle im Text platziert hatte, war die Idee für das Aufsatzthema der Zehntklässler – *Käthchen schreibt einen Brief an Wetter von Strahl* – verflogen. Tatsächlich war er schon dazu übergegangen, sich Bleistift und Papier bereitzulegen, um flüchtige Kopfkameraden festzuhalten. Ein überflüssiger Rückfall ins Mittelalter: Da hätte er seinen Schülern gleich wieder Handgekrakeltes vorsetzen können! Und nur, weil das neuwillige Ding nicht durfte, wozu es geschaffen war: Mäuschen sein beim *mählichen Verfertigen der Gedanken*.

Seitdem fraß sich eine Sorge immer tiefer: Wurde aus seinem Schnäppchen nicht allzu leicht ein ungeheurer Schnapp, wenn er nicht einen supergünstigen Adapter bekam?

Fast fiebernd stand Winter endlich vor dem Zubehörregal und, welch Glück: Ein Solitär von einem passenden Adapter hing an einem Haken – direkt vor seiner Nase. „Du Einziger!", hatte er wahrscheinlich leise geschrien: Oder wie war es sonst zu erklären, dass sich von rechts ein junger Verkäufer anpirschte und ihn mit der Frage „Kann ich Ihnen irgendwie helfen?" erschreckte.

„Ich glaube", bekannte Winter, „ich habe schon gefunden, was ich suche."

„Ja?"

Der Verkäufer machte keine Anstalten, sich wieder zu entfernen.

„Wissen Sie", ließ sich Winter unwillig in ein Gespräch ein, „ich habe einen Laptop."

„Marke und Baujahr?"

„Toshiba, und er ist, glaube ich, etwa sechs Jahre alt."

Der Verkäufer starrte Winter an, als wäre er nicht ganz bei Trost.

Winter nahm behutsam die Sichtpackung mit dem Adapter vom Haken: „Ich kann doch eine USB-Maus mit diesem Adapter an meinen Computer anschließen?"

Der Verkäufer runzelte die Stirn.

„Ja – oder gibt es da Probleme?", versuchte Winter ihm Worte in den Mund zu zaubern.

„Woher soll ich das wissen?", seufzte der Spezialist.

„Ja, was schlagen Sie denn vor?", fragte Winter.

„Haben Sie noch nie an ein neues Notebook gedacht? Wir haben zur Zeit echte Schnäppchen im Angebot."

„Ich brauche kein neues Notebook", erklärte Winter. „An meinen Laptop bin ich gewöhnt. Ich benutze ihn ja nur, um Texte zu verarbeiten."

„Zu was?", fragte der Angestellte bestürzt, so als habe er ihm einen Missbrauch gestanden.

„Ich benutze ihn als Schreibmaschine. Ist das verboten?"

„Nicht direkt!" – Er musste lachen.

„Also: Kann ich mit diesem Adapter eine optische USB-Maus anschließen?"

„Das müssen Sie ausprobieren", entschied der Verkäufer. „Aber geben Sie Acht, dass Sie beim Öffnen die Verpackung nicht beschädigen. Sonst können wir das Teil nicht zurücknehmen. Ich glaub' nicht, dass es passt, konfickmäßig. Vor sechs Jahren – da war ich ja noch in der Schule, in der achten Klasse."

Ich auch, dachte Winter, in einer neunten, und es kommt mir vor, als wär das gestern gewesen.

„Also danke für Ihre Beratung", sagte er, „und was kostet das Teil?"

Der Angestellte schaute auf das Preisschild, pfiff durch die Zähne und schüttelte den Kopf: „Acht Euro fünfundneunzig! Für zehn Euro kriegen Sie eine optische Maus mit drei Adaptern. Ist ein Sonderposten! Eins A."

„Und was mache ich mit der Maus, die ich schon habe?"

„Verkaufen, bei e-bay."

„Lohnt sich das?"

„Kommt drauf an – Spaß macht es mit Sicherheit – also von daher ..."

„Gut, ich überleg's mir noch mal", schloss Winter und hängte die Packung an den Haken. Achtfünfundneunzig, ein

Wahnsinn! Das Monstermäuschen Typhon hatte sechsneunundneunzig gekostet.

„Sonst noch Wünsche?"

Dass Sie endlich abzischen, dachte Winter und sagte laut: „Danke – nein!"

„Dann wünsch' ich Ihnen ein schöner Tag."

„Und ich Ihnen *einen* noch *schöneren Tag*! Wenigstens haben Sie es verhältnismäßig kühl hier drinnen."

„Das schon", gab der Verkäufer zu und nahm einen jüngeren türkisch dreinblickenden Kunden ins Visier, der sich an einem Hochpreis-Notebook zu schaffen machte.

„Haldemal, haldemal", verabschiedete er sich endgültig von Winter, und schritt gemessen ein – er hatte Erfahrung mit jungen Männern wie diesem, die, wenn sie wollten, blitzschnell auf Festplatten ein Super-Chaos anrichten konnten, und ihm dann weiszumachen versuchten, dass das Produkt *echt Scheiße* sei. Er hatte das selbst schon in seiner Freizeit bei der Konkurrenz ausprobiert und wusste nur zu gut, wie man Verkäufer verarscht.

„Noch ist nicht aller Tage Abend", murmelte Winter, und schnürte weiter. Jede Menge Mäuse waren zu haben, die meisten *originalverpackt*. Da nützte es wenig, das Kleingedruckte auf der Packung zu studieren und sich nach dem beiliegenden Adapter zu verzehren: Er blieb unerreichbar! Ob die Regale von versteckten Kameras ordentlich erfasst wurden – und auf die Monitore im Überwachungsraum wachsame Augen gerichtet waren? Immerhin, es war Siesta-Zeit und viele Leute litten an Durchhängern und ließen sich gehen, wenn sie nicht selbst beluchst wurden.

Und der Korb mit dem Gemischtramsch? War auch er, wenn überwacht wurde, dem Holzauge des Hausdetektivs anvertraut? Diesen Korb hatten schon viele zerwühlt, und er stand am Boden – gut geschützt durch ein Regal. Wenn man sich in die Hocke niederließ, versperrte man mit der Körpermasse den freien Blick auf den Warenkorb. Fast alle Verpackungen hatten fiebernde Hände aufgerissen, und manches Teil, das entblößt zu Tage lag, war beschädigt. Auch Kugel-Mäuse gab's, und der einen, die auch immerhin noch 5,80 kosten sollte, hing als Wurmfortsatz ein USB-Adapter an ... Das meiste Zeug landete, kaputtgefiebert, sicher bald im Müll. Vielleicht konnte Winter wenigstens dem Adapter dieses Schicksal ersparen. Vorsichtig zog er ihn vom Mausstecker ab und ließ ihn wieder in den Korb gleiten.

Ächzend schraubte er sich hoch und sondierte die Umgebung. Verkäufer und Jungtürke stolzierten vor dem Hochpreis-Notebook und versuchten einander mit ihren Kenntnissen zu überprahlen.

Ein junges Paar gesellte sich zu den beiden und hoffte auf eine Chance, den überbeschäftigten Verkäufer anzusprechen. Andere Medien-Markt-Besucher muffelten zwischen weit entfernten Regalen.

Himmel, was ficht mich an!, ermahnte sich Winter. Über ähnliche Kleinigkeiten sind schon andere gestolpert und haben sich lächerlich gemacht. Wirklich von guten Geistern verlassen heute! In einem früheren Leben, z. B. als jungverehelichter Student in den schwarzen Nachachtundsechzigern – da war es Ehrensache gewesen, ein Warndreieck oder einen Erste-Hilfe-Kasten, zu dessen Kauf einen der Gesetzgeber zwingen wollte, unentgeltlich zu beschaffen. Wo waren die Zeiten!

Unversehens fand sich Winter zwischen Subwoofern und Surround-Anlagen und wunderte sich über ihre Musikausgangsleistungen von mehreren hundert Watt. Das waren Geräte und Gerätschaften, zu denen seinesgleichen nichts mehr trieb – viele Youngster konnten ohne all dies nicht leben.

Unentschlossen wandte er sich um. Das Pärchen ersehnte immer noch ein Ende des Fachgesprächs. Von seiner Wiederannäherung an den Warenkorb nahm niemand Notiz ...

Am Korb verweilte er wie aus purer Langeweile, ging schließlich erneut in die Hocke und grapschte mit seiner Rechten nach Maus und Adapter.

Von da wanderte die Maus in seine Linke. Er betrachtete sie von allen Seiten und entließ sie mit einem kleinen Knurrlaut in den Korb, während seine Rechte schon längst wieder in der Hosentasche steckte.

Jeder Doktor, der Winter den Puls gefühlt hätte, wäre vor Schreck tot umgefallen.

Nein, jetzt unverzüglich dem Ausgang zuzustreben, wäre genau das Falsche. Beruhige dich, beruhige dich wieder, redete sich Winter gut zu und schnürte Richtung CD-Abteilung, wo es jede Menge toller Schnäppchen gab. Langsam, langsam beruhigte sich sein Puls.

In Sachen Jazz war hier das Angebot bescheiden, aber es gab die besonders günstigen Quadromania-Packs. Da tummelten sich zu 5,99 alle Götter aus jazzbewegten Jugendjahren, und er hatte schon Aufnahmen mit Chet Baker und Sonny Stitt zu Hause. Und nun noch Barney Kessel! Winter war schon so gut wie überzeugt, dass diese Vierer-CD-Box seine Sammlung bereichern würde. In jeder Beziehung könnte er sich reicher fühlen, wenn er nicht nur mit diesen wunderbaren Aufnahmen in der Hand zur Kasse spazierte – sondern auch mit dem 8,95-Adapter im Sack.

Wahrscheinlich stellte er zu Hause ein paar Überschneidungen fest mit anderen Alben, die er schon besaß, doch standen dem schätzungsweise vierzig Aufnahmen gegenüber, die er noch nicht hatte!

Kurz vor ihm erreichte das endlich doch beratene Pärchen die Kasse. Der junge Mann warf die Packung, die Winter jüngst hin- und hergewendet hatte, aufs Band und zahlte mit einem Zehner.

Der Kassiererin erschienen Kunden nur als flüchtige Schatten. Sie maulte Winter den Preis zu, nahm sechs Euro entgegen und gab ihm den einen Cent mit einem kleinen Verachtungsschniefen heraus. Winter entließ das Centstück in das Münzfach seines Geldbeutels.

„Entschuldigen Sie, wenn ich Sie nochmals störe", erkühnte er sich. „Geben Sie mir den Kassenzettel?"

Die Kassiererin fuhr zusammen, fasste sich und angelte einen Zettel aus dem Papierkorb, in den sie ihn hatte fallen lassen.

Hinter diesem Papierkorb steckt eine Idee, dachte Winter. All die gedankenlos gekauften Sachen, für deren Kauf man keinen Beleg hat, sind aus der Verantwortung des Händlers entlassen.

Er nahm die Quittung in Empfang und schaute drauf: *USB-Adapter*, las er, *8,95*. Tja. Einen Moment war er versucht, den Zettel seiner Vorgänger zu behalten, doch sogleich siegte die Vernunft. Dann konnte er ja nicht reklamieren, wenn die CDs nicht in Ordnung waren.

„Ist was?", fragte die Kassiererin.

„Ja, der falsche Zettel."

„Ach so – was war's bei Ihnen?"

„Ein wunderbares Jazz-Album mit Raritäten aus den vierziger und fünfziger Jahren."

„Ah ja, die Doppel-CD."

„Vierfach."

„Das juckt nicht."

Sie angelte wieder in ihrem Papierkorb. „Was hat's gekostet – 5,99?"

„Stellen Sie sich vor: Vier CDs zu diesem Preis!"

„Das juckt nicht. Hier – Ihr Zettel."

„Besten Dank für alles, was Sie für mich getan haben und nimmer auf Wiedersehen."

Die Kassiererin zog die Schultern hoch, die Mundwinkel nach unten und stieß plötzlich ein fast gesungenes „Tschühüß – ein schöner Tag noch!" hervor.

Die elektronische Sperre hinter der Kasse schlug erwartungsgemäß nicht Alarm, und Winter stolzierte hinaus.

Im Auto machte sich schon seit Tagen, ach: Wochen, auf den hinteren Sitzen ein halbgeöffneter Regenschirm breit, und das hatte nichts mit dem Wetter zu tun. Hoch Zoe herrschte schon (fast) ewig, doch spätestens am Freitag würde das nächste Beschäftigungsprogramm für Schirme anlaufen – in Form von Tiefausläufern mit Gewitterschauern und kühler Meeresluft.

Vor zweieinhalb Jahren hatte Winter in einem Anfall praktischer Vernunft ein Markenprodukt gekauft: Nein, er wollte sich nicht mehr mit minderwertigen Schirmen, die vor jedem Stürmchen einknickten, herumschlagen, und tatsächlich war es nach drei Frühjahren und zwei Herbsten noch bestens in Schuss: Es war eine Lust, den roten Knopf zu drücken und zuzusehen (und vor allem zu hören), wie sich das Regendach mit einem satten Rauschen entfaltete und optimalen Schutz bot vor einem sanften Guss. Bei Sturm setzte Winter seinen Edelschirm natürlich nie ein, denn dafür war kein Schirm gemacht.

Umso schlimmer, als das geschonte Kleinod – ausgerechnet in der Stadt seiner späten Jugendjahre – seinem alten Vater beim Aussteigen aus dem Wagen Schutz bieten sollte und sich nach dem Knopfdruck zwar öffnete, aber nur halb – und Winter das ganze Ausmaß der Katastrophe zunächst noch gar nicht begriff. Nur eins war klar: Mit so verklemmtem Schirm ging jede Galanterie baden; auch hatte es ihn sofort an die Kieferklemme gemahnt, die er vor Jahren nach einer Monstersitzung beim Zahnarzt davongetragen hatte. Einige Tage lang öffnete sich sein Mund nur noch um etwa anderthalb Zentimeter, und seine Äußerungen wurden täglich bissiger.

Was den Schirm anging, zeigte sich später, dass die Plastikhülse, an der die Verstrebungen befestigt waren, von einer starken Feder, die in ihr steckte, zerrissen worden war – wahrscheinlich an der Sollbruchstelle nach Ablauf der Garantiezeit.

Es war und blieb ein Jammer: Eigenhändige Reparaturversuche schlugen fehl. Dem endlich wiedergefundenen Garantieschein entnahm er, dass ihm der Schirm in der Tat schon fünf Monate über die Gewährleistungsfrist hinaus diente. So blieb nur eine vage Hoffnung auf Kulanz. Leichenstarr sperrte sich das kostbare Stück seitdem im Fond seines Wagens. Schon wochenlang, denn vor Reklamationen drückte sich Winter. Am liebsten hätte er als der stets rundum zufriedene Kunde gegolten.

Doch heute war er schon einmal aus der Reihe getanzt, und jetzt fühlte er sich stark genug, diesen Strauß auszufechten. Es war auch allerhöchste Zeit, denn bald würde er dem Einkaufszentrum, wo er den Schirm erworben hatte, nicht mehr täglich nahe kommen.

Vorher aber wollte er sich stärken. In der finstersten Ecke des Einkaufsparadieses gab es eine Art Essraum, vollgestellt mit sperrigen gusseisernen Gartenmöbeln und überdimensional vergrößerten und angestrahlten Schlossgartenansichten aus der Residenz. Das gebotene Essen war weniger fürstlich, doch wenn sich Winter der Fleischeslust hingeben wollte, aß er hier das panierte Schnitzel, gegen das er sonst zu Feld zog.

Ausgerechnet heute bei dreißig Grad im Schatten! Mit Spätzle! Wo jeder halbwegs polyflotte Mitteleuropäer nach Gazpacho und Mozzarella-Tomaten lechzte.

Hinter der Theke wirtschaftete eine alte Freundin. Winter hatte keine Ahnung, ob sie Mutter eines seiner längst entsprungenen Schäfchen war. Seit zwanzig Jahren schob sie ihm die besten Stücke, die ihre Fastfoodküche zu bieten hatte, über den Tresen und geizte auch nie mit der Jägersoße.

„Warm heute!", begrüßte sie Winter.

„Ja", sagte seine Freundin und lächelte – anderen Kunden blickte sie jedes Jahr finsterer entgegen –, „aber wenn wir auch das Wetter machen könnten, gäb's nur noch Krieg."

„Da ist was dran", sagte Winter, „bitte ein Schnitzel."

„Leider hab' ich keine Jägersoße mehr, darf's vielleicht auch mit Bärnäse sein?"

„Ist egal, wie sie heißt, etwas Soße wär' mir schon recht."

„Und Spätzle hat er – sie hob das Kinn und ruckte mit dem Kopf nach rechts Richtung Küche – heute auch nicht gemacht. Nur Pommes, Bratkartoffeln oder Hörnle."

„Dann nehm' ich Bratkartoffeln."

Seine Freundin schaufelte ihm auf. Sie war ganz in ihrem Element – und war doch vor vielen Jahren, als sie hier auftauchte, eine leicht unbeholfene, gehemmte junge Frau gewesen, die man garantiert beschützt hätte, wäre es je zum Anlass gekommen.

„Halthalt", protestierte Winter schwach, „ich bin doch kein Scheunendrescher."

„Aber die Lehrer brauchen gute Nerven heutzutage. Auch was zu trinken bei Ihnen?"

„Ein großes Spezi", entschied sich Winter.

„Mit mehr Fanta als Cola, gell."

„Traumhaft, wie Sie das wissen!"

Seine Freundin lächelte zufrieden.

„Ein guter Appetit wünsch' ich!"

„Danke. Vielen Dank", antwortete Winter und verbiss sich bei so unfassbaren Liebesbeweisen die allfällige Korrektur.

Als er mit seinem Tablett auf den Schlossgartenprospekt zuschritt, sah er, dass da am Tisch bereits sein Kollege Reiss saß und Wurstsalat aufgabelte. Seit seinem Eintritt in die August-UHU-Realschule vor fünf, sechs Jahren sättigte er Winter mit seiner nie erlahmenden Sympathie.

„Störe ich?", fragte Winter und stellte sein Tablett schon ab.

Reiss hatte gerade den Mund voll und deutete dies an, indem er mit den drei mittleren Fingern seiner rechten Hand die Lippen betupfte, hinter denen fieberhaft gearbeitet wurde. Gleichzeitig schüttelte er den Kopf und wies mit seiner Linken auf Winters Tablett. Vielleicht hatte er den Mund zu voll genommen – jedenfalls seufzte er tief auf, als es ihm endlich gelungen war, die Mundhöhle freizuschlucken.

„Wie fanden Sie den Zehntklässler-Streich?", fragte er und grinste Winters Antwort herbei.

„Lächerlich und katastrophal."

„Richtig. Sie bringen es wieder mal auf den Doppelpunkt. Und unser Chef Ruprecht bleibt oben hocken und telefoniert mit dem Amt, während unten die Hütte brennt."

„Die arme Kollegin Kühlwein!"

„Richtig. Die hat jetzt den Schaden und auch noch den Spott! Aber den Neuntklässlern wird im Zehnten das Lachen vergehen, wenn sie noch wochenlang fehlt."

„So schlimm?"

„Also, was ich gehört hab! Der Notarzt hat was von Brüchen gesagt! Das heißt, sie könnte für ein halbes Jahr ausfallen. Der Chef hat schon Frau Hug gefragt, ob sie eventuell mit Mehrarbeitsstunden einspringt, aber die hat gleich abgewinkt, wegen ihrem kranken Mann daheim."

Reiss beugte sich weit vor, als wollte er Winter ein Geheimnis verraten. Der kam ihm entgegen, um ihm die Sache zu erleichtern: „Aber mit Ihnen, das habe ich heut' früh schon unserem jungen Hummel gesagt, verliert die August-UHU-Realschule ihren Kopf ..."

Winter fuhr zurück und verschluckte sich. So eindringlich, wie Reiss ihn ansah, bestand kein Zweifel, dass es ihm ernst war mit seinem Bekenntnis.

„... während uns andere nicht so wichtige Körperteile erhalten bleiben."

„Sind dafür aber umso gewichtiger! Sie machen mich ganz verlegen", hustete Winter.

„Aber es ist so", bekräftigte Reiss, „in meinen Augen jedenfalls."

„Dann sind Sie ein Teil der Seele."

„Danke, das tut gut, wenn einem das mal jemand sagt."

„Und der andere Teil, das ist unsere Veronika."

„Ach, da bin ich ganz Ihrer Meinung. Was haben Sie eigentlich vor in den Ferien? Planen Sie eine Reise?"

„Ist noch offen. Ich werde erst mal aufräumen. Ist ja so viel liegen geblieben."

„Ein kluger Mann hat mal gesagt *Ordnung ist das halbe Leben*", nickte Reiss.

„O ja, das war ein Leib- und Magenspruch meines Vaters", erinnerte sich Winter. „Ab einem bestimmten Alter hab' ich, wenn er damit ankam, regelmäßig gefragt: Und was ist die andere Hälfte?"

„Und? Wie hat Ihr Herr Vater darauf reagiert?"

„Er hat gelacht."

„Mein Vater hätte mir ein paar hinter die Löffel gegeben. Ihm hab' ich wahrscheinlich den Hörschaden zu verdanken. Und gebrüllt hat der wie ein Tier, wenn er wütend war. Das ging blitzschnell. Übrigens ist er an einem Wutanfall gestorben."

„Im Ernst? Bei welcher Gelegenheit denn?"

„Mein Vater war Postbeamter im Schalterdienst. Eines Tages hat ihn ein Kunde so zur Weißglut gebracht, dass er hinter seiner Scheibe aus Sicherheitsglas einen Herzschlag gekriegt hat und tot vom Stuhl gefallen ist. Der Kunde hatte darauf natürlich einen Schock und hat ganz aufgehört mit dem Briefmarkensammeln."

„Wieso das?"

„Wegen der Selbstvorwürfe. Er hatte behauptet, dass es bei einer Schmetterlingsmarken-Serie auch ein Postwertzeichen zu drei Mark gibt."

„Und? Hat's gestimmt?"

„Anscheinend schon. Aber mein Vater hat es verwechselt mit einer gerade erschienenen Nachtfalter-Serie, oder der Kunde hat nur von Faltern gesprochen, und die ging nur bis zwei Mark. Bei der Beerdigung ist der Mann extra erschienen und hat mir beim Kondolieren gesagt, dass er aufhört. Der hat mir richtig leid getan. Denn mein Vater hat sich den lieben langen Tag über jeden Fliegenschiss aufgeregt, und am ehesten hätte ihn meine Mutter ins Grab bringen können. Die war natürlich heilfroh, dass es im Amt passiert ist und nicht in ihrer Küche. Im Grund war das die sozialverträglichste Lösung."

„Dann hatten Sie aber eine schwere Kindheit und Jugend."

„Sagen wir mal so, ich habe früh Tarnen und Täuschen gelernt – nicht wie die meisten erst beim Bund."

„Ja, und wie alt waren Sie, als Ihr Vater starb?"

„Fünfzehn. Bei der nächsten Ohrfeige, das hatte ich mir vorgenommen, schlägst du zurück. Dazu ist es glücklicherweise nicht mehr gekommen. Ich denk' aber oft, wie hilflos viele Kinder ihren Eltern ausgeliefert sind. Hilflos wie ein Schnitzel."

Reiss deutete auf Winters Teller.

Winter schob sich das vorletzte Stück Fleisch in den Mund. Bis jetzt hatten sich noch keine Fasern oder Flechsen in einer seiner Zahnlücken festgesetzt. Nun passierte es doch. Auch eine nachdrückliche Spezi-Mundspülung machte das Faserteil nicht flott.

„Ist Ihnen was zwischen die Zähne geraten?", erkundigte sich Reiss.

„Ja, leider. Und das macht mich ganz verrückt."

„Das kenn' ich, da hilft nur noch ein Zahnstocher. Ich hab' immer einen dabei. Der steckt in meiner Swiss-Card. Schauen Sie mal!"

Reiss grub den genannten Gegenstand aus seiner Hosentasche und reichte ihn Winter.

„Da ist alles dabei, was man täglich so braucht: ein Messer, eine Schere, eine Pinzette, eine Nagelfeile – sogar eine Kugelschreibermine und eine Stecknadel. Und ein Lineal mit Maßeinteilung."

Winter bewunderte das sinnreiche Stück. Einen Moment kämpfte er mit der Versuchung, sich des fremden Zahnstochers einfach zu bedienen. Dann gab er die inhaltsreiche Karte Reiss zurück. Der steckte sie zufrieden lächelnd ein.

„Werde ich mir auch besorgen, denn die Lücken werden nicht weniger. Ich esse zwar kaum noch Fleisch, aber fast genauso gemein verhalten sich manche Obst- und Gemüsefasern."

„Wir können froh sein, wenn wir überhaupt noch was zu beißen kriegen – so, wie sie uns die Bezüge runterkürzen! Urlaubs- und Weihnachtsgeld ist ja erst der Anfang. Da hat man sein Leben lang gearbeitet, und am Ende lässt einen Vater Staat am langen Arm verhungern."

„Unken Sie gern, Herr Reiss?"

„Oh ja, das sagt meine Frau auch. Aber so bin ich halt: Wenn andere vor halbvollen Gläsern hocken, ist meins schon halbleer. Umso weniger kannst du enttäuscht sein, wenn nicht nachgeschenkt wird."

„Dann muss es aber manchmal auch positive Überraschungen geben."

„Und ob: Als meine Frau schwanger war und sich herausstellte, dass sie Zwillinge erwartete – einen Bub und ein Mädchen."

„Und Ihre Frau? Hat sie das auch so gesehen?"

„Nein, sie hätte die Kinder lieber in gehörigem Abstand bekommen."

Winter nahm einen weiteren Schluck Spezi und erzeugte einen neuen Befreiungsstrudel. Dabei floss ihm der Mund ein bisschen über. Glücklicherweise nicht auf sein Hemd. Er fing den Überschuss gerade noch mit der Serviette ab. Wieder hatte es nichts genützt.

„Na, ich werd' dann mal gehen", verabschiedete er sich und hob feierlich sein Tablett in die Höhe.

„Wir sehen uns ja noch", nickte Reiss.

Winter strebte, vom Tablett befreit, auf die Toilette und schloss sich in einer Kabine ein. An der Tür stand in schöner

Schrift: *Lach oder furz mal wieder du stinklangweiliger Durchschnittsdeutscher!* Winter runzelte die Stirn. Und da: Schon wieder hatte ein Mensch (der besagte *Durchschnittsdeutsche, also Otto Normalvoyeur?*) ein Guckloch gebohrt. Wie Winter sich mit Hilfe eines alten Kassenzettels, den er knickte, um ein einigermaßen widerstandsfähiges Werkzeug zu gewinnen, mühte, die verdammten Fleischfasern aus dem Spalt zwischen dem Backenzahn-Implantat und seinem plombierten Nachbar zu schieben, konnte man aus dieser Hocklochposition bestimmt nicht beobachten. Als die Fleischfasern endlich weg und hinuntergeschluckt waren, pinkelte er ohne weiteren Umstand.

„Was kann ich für Sie tun?", fragte ihn die junge, hennamähnige Frau hinter der Infotheke freundlich, als er seinen Schirmkadaver vor ihr aufbahrte.

Natürlich: eine ehemalige Schülerin – wahrscheinlich als Siebtklässlerin in Gemeinschaftskunde eine liebe Nervensäge mit tausend Fragen, von denen er höchstens zwei in einer Unterrichtsstunde halbwegs erschöpfend hatte beantworten können. Trotzdem war sie ihm noch immer gewogen, so, wie sie ihn anstrahlte, das spürte er sofort.

Er trug ihr – wie einst *Zusammensetzung und Aufgaben des Gemeinderates* – ernst und nachdrücklich seine Beschwerde vor, und sie telefonierte sofort mit einem Entscheidungsträger und übersetzte Winters Beanstandung in geschäftsverträgliches Ortsdeutsch. Dabei lächelte sie ihn permanent an, und als der Abteilungsleiter seinen Widerstand aufgab, zwinkerte sie ihm zu, als wären sie Komplizen, denen ein hübscher Coup gelang.

„Also, Herr Winter", fasste sie zusammen, „die Herstellergarantie ist abgelaufen. Da kann man nichts machen. Aber wir sind bereit, Ihnen aus Kulanz einen neuen Schirm zu geben. Lassen Sie das Teil einfach hier und suchen Sie sich einen aus. Und mit dem Neuen kommen Sie dann wieder zu mir."

„Das ist ja traumhaft, damit hätte ich nie gerechnet."

„Sehen Sie", lachte die junge Frau, „manchmal können sogar schlechte Schüler ihren Lehrern was Gutes tun."

„Dafür gebe ich Ihnen im Nachhinein ein ganz großes Verhaltens-Plus! Mal sehen, ob ich die alten Notenlisten noch habe."

„Schauen Sie lieber nicht nach. Ich weiß nicht mal mehr, in welchem Fach ich Sie hatte."

„Ich denke in Gemeinschaftskunde – in der Siebten."

„Nein. Das bestimmt nicht. Ach, ich weiß, in Ethik, in neun und zehn. Da haben Sie uns immer so komische Filme gezeigt – über die zehn Gebote und so."

„Ach, Sie meinen sicher die Serie von Kieslowski."

„Ja, kann schon sein. Und dann auch Teile aus einer Ami-Serie. *Die besten Jahre* hieß die, glaube ich. Die waren so schön traurig und haben immer die ganze Stunde gedauert. Ich hab' mich jedenfalls immer auf die Ethik-Stunden gefreut."

„Na, das freut mich", sagte Winter. „Dann habe ich Sie wenigstens nicht zu sehr geplagt, damals."

„Im Gegenteil", versicherte die junge Frau. „Sie waren der beste Lehrer, den wir je hatten."

„Ich halte Sie auf", mutmaßte Winter, den das Lob ganz verwirrte. Dass Medieneinsatz sie ganz entbehrlich machte, ahnten ja viele Lehrer seit Jahren, ohne Konsequenzen daraus zu ziehen. Und so redeten sie und redeten sich jeden Tag aufs Alte um Kopf und Kragen. Doch dass dies einem so verblümt gesagt wurde, das erlebte man nicht alle Tage.

„Gut", raffte er sich auf, „einstweilen schönen Dank: Ich melde mich dann mit dem Objekt meiner Wahl."

Die Auswahl an Schirmen war leider geschrumpft. Den Teufel würde er tun und nur, weil der lädierte ein Stockschirm war, sich an einem Billigprodukt vergreifen! Immerhin hatte seiner vor drei Jahren 29,90 Euro gekostet. Diese Dinger da kosteten 9,99, waren aber sicher nicht mal die Hälfte wert.

Nein, gerade in diesem Fall: Er bestand auf Qualität – und sei es auch nur, um wieder unter dem komfortablen Dach der Garantiezeit künftigen Regen- und Schneeschauern zu trotzen.

Auch unter den Faltschirmen grassierte die Geizpreisseuche. Dem angepeilten Niveau entsprachen ein paar wenige Knirpse annähernd. Ernsthaft in Betracht aber kam nur *ein* Schirm: ein echtes Hochpreisprodukt zu 39,90. Wenn er nun in den sauren Apfel bisse und anböte, einen Zehner draufzulegen? Wahnsinn: Allein für diesen Zehner kriegte er zwei Billig-Schirme, die vielleicht ebenso haltbar waren wie der überteuerte Knirps und ihn gegen alle Regenfälle sicherten – bis zum Grab – und weit darüber hinaus noch lachende (oder weinende) Erben. Und in zwei Jahren und vier oder fünf Monaten kam er womöglich wieder her – auf dem ungewissen Kulanzweg, und seine freundliche Schülerin, der heute noch der Abteilungsleiter aus der Hand fraß, beschirmte längst ihre Kinder am eigenen Herd und konnte ihm nicht mehr helfen.

Dieser Schirm, das erkannte man bereits im Trockenen, war von anderem Kaliber als diese Schirmchen aus der vorletzten Volksrepublik. Er entfaltete sich – wie? Na, etwa wie die Schwingen eines Pelikans. Oder: leise schmatzend wie die sprichwörtliche Mercedes-Tür.

Los, Winter, spornte er sich selbst an. Vielleicht kommst du sogar um die Aufzahlung herum. Schließlich ist es nicht deine Schuld, dass genau das passende Ersatzprodukt im Sortiment fehlt. Zudem: Wer außer ihm war so bescheuert, sich einen echten Knirps zuzulegen, einen Ladenhüter – um mal Klartext zu reden. Wenn er ihn nicht mitnahm, würde der noch Jahre im Regal herumlungern und eines Tages auf einem Markt in einem westafrikanischen Land auftauchen, wo er nun überhaupt nicht hingehörte, als Sonnenschirm: War das kein schlagendes Argument, ihn hier und heute aus seiner unwürdigen Wartelage zu befreien?

„Na, haben Sie etwas gefunden?", fragte ihn Frau Henna – noch immer überaus liebenswürdig. Wie jemand, der ihn als Lehrer gehabt hatte, nur so freundlich sein konnte!?

„Dochdoch", sagte er und übergab ihr den Schirm. „Ist zwar kein Stockschirm, aber ich wäre mit diesem als Ersatz sehr zufrieden."

„Alles klar, Herr Winter", sagte seine Wohltäterin und schob ihm den Knirps wieder hin.

„Ja, aber – ich meine, der neue ist ein bisschen teurer als der alte. Soll ich nicht den Unterschiedsbetrag bezahlen?"

Nun lag das Ersatzteil zwischen ihm und der Verkäuferin, und er hatte eine Sache, die in wohlwollendem Einvernehmen fast schon entschieden war – typisch Lehrer – problematisiert. Unglücklicherweise erschien wie gerufen in diesem Moment ein Vorgesetzter, und Winter nahm an, es sei der Abteilungsleiter, dem seine Exschülerin die Kulanzlösung abgeschwätzt hatte.

„Ich bin der Mann mit dem lädierten Schirm", begrüßte ihn Winter. Der andere fasste die Schirmleiche, die sich immer noch auf dem Packtisch spreizte, mit offenbarem Befremden ins Auge. Die Verkäuferin gab nun rasch Erklärungen ab, aus denen Winter entnahm, dass es sich nicht bloß um einen Abteilungsleiter, sondern den Oberboss handelte. Und der kam natürlich sofort auf die Idee, dass der Neuschirm mehr kosten könnte als vor zwei Jahren und fünf Monaten der Altschirm. Was blieb der willigen Frau Henna übrig, als noch einmal, unter den strengen Blicken des Oberhäuptlings, den von Winter vorgelegten Kassenzettel und das Knirps-Preisschild zu vergleichen und – in der Tat – festzustellen, dass *der Kunde* 10 Euro nachzuzahlen habe.

„Wenn es Ihnen nichts ausmacht", merkte der Oberboss an. Winter registrierte sehr wohl den süffisanten Unterton, und, als hätte er nie mit etwas anderem gerechnet, zückte er zustimm-grummelnd seinen Geldbeutel. Nun war auch Frau

Henna – Winter gab sich keine Mühe mehr, in seinem Hinterstübchen nach ihrem Namen zu fahnden, es war zwecklos! –, ganz diensteifrige, korrekte Geschäftsfrau, der es nie eingefallen wäre, Offenbares unter der Hand zu regeln oder gar einem ehemaligen Lehrer, an dem sie aus nicht nachvollziehbaren Gründen einen Narren gefressen hatte, einen Liebesdienst zu erweisen.

Eines schien Winter tröstlich: Der Zahlung folgte ein Beleg, und mit diesem in der Hinterhand war er auf der sicheren, der Sonnenseite der Gewährleistung für die nächsten zwei Jahre – vorausgesetzt, die Firma Knirps war dann nicht zu einem Nichts geschrumpft. Der Oberboss war ebenso überraschend, wie er aufgetaucht war, wieder verschwunden, und das traute Beisammensein – nun, nachträglich ernannte Winter die Rote zu einer weiteren Lieblingsschülerin – konnte harmonisch zu Ende gebracht werden.

„Und was geschieht mit dem Stockschirm?", erkundigte sich Winter abschließend.

„Kein Problem, den entsorgen wir. Oder wollten Sie ihn mitnehmen?"

„Neinnein, war nur 'ne Frage. Man entwickelt ja zu manchen Dingen eine Beziehung, wenn Sie verstehen, was ich meine."

Frau Henna lächelte. „So geht's mir mit meiner Kommunions-Uhr. Die ist schon ewig im Eimer, aber weggeworfen hab' ich sie trotzdem nicht, ich bring's einfach nicht übers Herz."

„Das freut mich, wie Sie mich verstehen." Fast hätte er noch „Und tun sie ihm nicht weh, wenn Sie ihn entsorgen" hinzugefügt, diese seltsame Regung dann aber doch für sich behalten. Er hatte die Geduld der jungen Frau reichlich beansprucht, und trotzdem deutete nichts darauf hin, dass sie ihm am liebsten ein „Jetzt-reicht's-aber-echt!" entgegengeschleudert hätte.

„Dann bleibt mir nur noch, mich bei Ihnen sehr herzlich zu bedanken", sagte Winter, verstaute den Kassenbeleg und nahm nun endgültig das neue, teure Stück in die Hand und hob es zum Gruß.

„Es war mir ein Spaß", sagte die Rote und wedelte ein bisschen mit ihrer Rechten.

Das Marktfoyer, das er zu durchqueren hatte, war inzwischen verbarrikadiert durch massive Mauern aus Weinkartons. *Schnäppchen-Wein macht Köpfchen Pein* war es Winter unlängst morgens leise durchs Gemüt gezogen, und er hatte wieder mal ernsthaft Alternativen zum täglichen Weingenuss erwogen. Gerade im Sommer schmeckten Biermischgetränke wie die gute alte *Radler-Maß*, die neuerdings unter dem Namen *Grape* daherkam, eigentlich nicht schlecht: Der Hopfen machte außerdem schön müde. Nur sorgte die Kohlensäure leider für Blähungen. So fand Winter nach zwei, drei *Grape* zwar den wohlverdienten Nachtschlaf, doch weckten ihn immer wieder Eruptionen im Bauch. Hinzu kam die harntreibende Wirkung. Mindestens zwei-, wenn nicht dreimal wollte sich in *Grape*-Nächten die Blase entleeren; so fiel die Bilanz übel aus, und Winter kehrte zum Wein zurück.

Bestimmt nicht alles, was sich hier türmte, war sein Geld wert, doch vom Schauen bekam man noch kein Kopfweh. Der halbe Kaiserstuhl war vertreten, die gesamte Ortenau, einige wenige Lagen aus dem Markgräflerland. Und als Winter sich schon abwenden wollte, weil offensichtlich nur die üblichen Verdächtigen aus den Winzergenossenschaften in Breisach, Ihringen oder Wolfenweiler zu finden waren, fiel ihm, er glaubte zu träumen, sein Spätburgunder-Favorit der letzten Wochen ins Auge – und zu einem Preis! Er rieb sich die Augen: Vierneunundneunzig hatte er bei Wal-Mart gelöhnt, bis er ihn zu vierneunundsiebzig bei miniMal entdeckt hatte, und hier kostete die Flasche, sage und schreibe, vierneunundvierzig. Das war eine Ersparnis um fünf bzw. zehn Prozent! Und dieser Wein besaß alle günstigen Eigenschaften der Welt: Er war nicht zu schwer; er war trocken; er passte zu diesem und jenem, und er zählte ganz bestimmt zu jener Kategorie von Weinen, die sogar gewisse Ärzte und Apotheker wegen ihrer Nebenwirkungen als taugliches Mittel gegen Schlaganfall und Herzinfarkt empfahlen.

So jagt ein Glücksfall heute den nächsten, fand Winter und umfing ein Sixpack.

Der junge Mann an der Sonderkasse pfiff durch die Zähne: „Der Herr Winter hat den richtigen Riecher! Von dem Wein da haben wir nur noch ganz wenig. Aber Sie wissen mit Sicherheit, warum. – Nein? Er stand vor einer Woche ganz groß in BILD, als einer der Preis-Leistungs-Besten. Und seitdem kommt die Winzergenossenschaft überhaupt nicht mehr nach."

„Womit?"

„Na, mit Liefern. Oder auch Produzieren. Was weiß ich?"

Winter starrte Zehntklässler Markus an. „Soso, den sponsert jetzt Springer. Na dann prost! Ich glaub', ich hab's mir anders überlegt. Übrigens haben dich deine Klassenkameraden heute Morgen beim Schulstreich vermisst."

Markus winkte ab: „Keine Zeit, ich brauch' Moos."

„Wofür?"

„Für alles: Mein Handy ist scheiße, das Notebook ebenfalls, und den Führerschein mach' ich auch grad. Ohne Geld ist alles nichts", philosophierte Markus.

Mannomann! War das die Quintessenz seiner Ethikstunden? Winter stellte den Weinkarton zurück und verließ eiligst den Konsumtempel.

„Ein schöner Nachmittag!", rief ihm Markus nach.

Nun aber los! Gleich fing die Konferenz an, und nur wenn er Glück hatte, klemmte auf seinem Stammsitz zwischen Peter Tamm und Sylvia Oberding noch nicht der ungenierte Referendar Valentin Hummel. Der gab vor, nach anderthalb Jahren immer noch nicht zu wissen, wer wo saß. Er vagabundierte durchs Lehrerzimmer und zwang Alteingesessene, sich einen Hinterstuhl zu beschaffen oder sich auf sein fruchtloses Ansichtengefummel über *Erbhöfe* einzulassen. Nur Rainer Fromut war, als er seinen Platz von Hummel besetzt fand, sofort zur Tat geschritten und hatte dazu angesetzt, den Stuhl mit entschlossenem Ruck der Hummel-Drohne unterm Hintern wegzureißen. Was ihm wohl nicht gelungen wäre, da der junge Kollege etwa einsneunzig groß und kräftig gebaut war. Doch der Wille zur Tat hatte Hummel so überzeugt, dass er sofort aufsprang und ohne Wenn und Aber Fromut den Stuhl überließ.

Winter schwang sich in sein Auto, schaltete mit der Zündung das Gebläse auf Höchststufe und ließ alle Scheiben runter. Ob dieser Dienst-Tag der heißeste des ganzen Jahres würde? Ruprecht landete mit der Wahl seiner Konferenztage einen Treffer nach dem anderen, und nicht nur Winter unterstellte ihm sadomasochistische Freude: Abermals war es ihm gelungen, seine Lehrerschaft an den Tisch zu zwingen, wenn das Wetter zum Bade oder anderweitigen Vergnügungen lockte. Schüler- und Elternbeifall waren ihm jedenfalls sicher, wenn die Lehrer der August-UHU-Realschule (bestimmt bis halb sechs!) über Sein oder Nichtsein einer gewissen Anzahl ihrer Schüler tüchtig zu schwitzen hatten.

Vollbremsung! War das nicht der unselige Kemal Asülan, der mit mindestens 60 km/h an der Parkplatzausfahrt von links vorbeigeschossen kam – in der Dreißigerzone! Wie oft hatte Kemal Winter und alle anderen mit läppischen Entschuldigungen ausgetrickst, bis das Imperium endlich zurückschlug und ihm die rote Karte zeigte! Um ein Haar hätte er sich selbst und seinen alten Klassenlehrer ins Verderben gerissen, wäre Winter trotz aller Eile nicht so vorsichtig gewesen. Tatsächlich aber hatte er das heranpreschende Krawallomobil des Jungtürken trotzdem glatt übersehen und mit der Bremsaktion nur seinem sechsten Sinn gehorcht.

Nun stieß ihm das Mittagessen übel auf, und den Motor hatte er natürlich auch abgewürgt, was seine Hinterfrau bereits zur Händeringerin werden ließ – na, wenigstens hupte sie ihn nicht fort. Das konnte heiter werden: Er hockte jetzt schon auf einer gewaltigen Blähung und würde diese seine letzte Konferenz als gefesselter Ballon aussitzen.

# 11

Als sich Winter um vierzehnuhrachtzehn ins Lehrerzimmer schlich und mit einem Rundumblick erfasste, dass schon alle Stühle besetzt waren, erhob sich Ruprecht: Ja, auf ihn hätten sie noch gewartet – wegen des Protokolls. Valentin Hummel ließ den gerade gezückten Stift freudig sinken.

„Neinnein", lachte Ruprecht und weidete sich an Winters gelindem Entsetzen, „ein Witzle. Unser lieber Herr Hummel ist laut Alphabet heute dran und darf sich vor seinem Abgang ein kleines Denkmal setzen."

„Aber nicht auf meinem Stuhl!", platzte Winter heraus.

„Da haben Sie recht", pflichtete ihm Ruprecht bei. „Was jungen Kollegen manchmal so einfällt! Los, Herr Hummel, räumen Sie das Feld!"

„Ja, wie?", jammerte Hummel. „Soll ich etwa im Stehen Protokoll schreiben?"

„Holen Sie sich einen Stuhl!"

„Ja, wo denn?"

„In einem Klassenzimmer."

„Ja, und dann?"

„Dann setzen Sie sich hin und schreiben Ihr Protokoll auf den Knien, Mann."

„Ich hab' aber eine Sehnenscheidenentzündung."

„Im Knie?"

„Im rechten Arm. Und von daher ..."

„... von daher, von daher: Wenn ich so was höre, geht mir das Messer im Sack auf!"

„Komm, Valentin, ich hab' keine Klasse, ich brauch' keinen Tisch", mutterte Veronika Hug ihn an.

„Schluss, fertig, aus!", wetterte Ruprecht. „Machen Sie schon, damit wir vorankommen. Nur wenn wir pünktlich anfangen, können wir beizeiten aufhören."

Veronika Hug stand auf und verließ das Lehrerzimmer.

Hummel schraubte sich seufzend hoch, überließ Winter seinen *Erbthron* und krachte auf Veronika Hugs Stuhl nieder.

Winter nahm Platz.

„Auch schon da?", zischte Peter Tamm, und Sylvia Oberding, die alles immer möglichst effizient durchziehen wollte, lächelte säuerlich.

Warum nahm Ruprecht nicht wieder Platz?

„Eine Frage, Bernhard", nutzte Spätzle die Leerzeit. „Was ist mit Frau Kühlwein?"

Ruprecht blickte vor sich auf den Tisch, auf dem er ein beschriftetes Blatt Papier bereit gelegt hatte, und sagte: „Immer mit der Ruhe, eins nach dem andern. Zuerst kommt das Positive." Er räusperte sich, er blickte hinüber zur jalousieverhüllten Fensterfront und wartete, bis Veronika Hug endlich zu Stuhl kam.

Winter und allen außer Hummel, der Stimmfühlung mit seinen Nebensitzerinnen aufnehmen musste, schwante es: Der Rektor wollte eine Rede halten, und, verdammt, jetzt nahm Ruprecht ihn bereits ins Visier, Gegenstand und Adressat der Rede war er selbst.

„Liebe Kolleginnen und Kollegen", begann Ruprecht, „bevor wir in die recht umfangreiche Tagesordnung einsteigen, möchte ich die letzte Gelegenheit nutzen, zwei Kollegen, die uns verlassen – der eine vorläufig, der andere ganz –, Ade zu sagen. Nur zwei Jahre fehlen noch, dann wäre unser Kollege Winter ein Vierteljahrhundert bei uns gewesen. Was für eine lange Zeit und doch, andererseits, wie kurz!"

„Wie ein Furz", murmelte Rainer Fromut.

„Keiner furzt reiner", zischte Peter Tamm und fing sich einen vernichtenden Blick von Sylvia Oberding.

Oh, wenn ihr wüsstet, wie ich leide, dachte Winter und konnte immerhin eine Mütze Luft in Form eines (fast) lautlosen Rülpsers los werden.

„Was gibt's, Herr Hummel?", unterbrach sich Ruprecht.

„Muss Ihre Rede ins Protokoll?"

„Unsinn!", rief Veronika Hug. „Kommt nie ins Protokoll."

„Knapp ein Vierteljahrhundert", nahm Ruprecht seinen Faden wieder auf.

„Viel zu lange", rief Paul Breitmeyer.

„Auch solchen Kollegen, die nie den Mund halten können, wünsche ich, dass sie es so lange durchhalten", fuhr Ruprecht fort. „Unser Kollege Winter allerdings fiel ja mehr durch seine Schweigsamkeit auf. Still und zielbewusst hat er bis heute seinen Dienst versehen. Mit Schülern, Eltern und Kollegen ist er gut ausgekommen. Wäre seine Unterrichtstätigkeit nicht stets so reibungslos verlaufen, hätte man manchmal fast zweifeln können, ob der Herr Winter überhaupt anwesend war. Er war ein perfektes Rädchen im Getriebe unserer Schule. Sie verstehen das bitte als Lob, Herr Winter. Umso mehr werden wir Sie im nächsten Schuljahr vermissen, denn wenn so ein fest eingebautes und gut eingespieltes Rädchen in einem Organismus fehlt, knirscht und kracht es leicht mal im Getriebe. Sollte das in nächster Zeit vorkommen, müssen wir uns einfach fragen, ob es daran liegt, dass wir den Herrn Winter für eine Weile ziehen lassen mussten."

Einen ziehen lassen, das wär's, dachte Winter.

„Zieh' Leine, Bernhard", murmelte Rainer Fromut.

„Und so bleibt mir nichts, als dem Herrn Winter einfach danke zu sagen für alles, was er bisher schon für die August-UHU-Realschule getan hat, und für alles, was er gelassen ertragen hat in all den Jahren."

„Bravo", rief Breitmeyer, „das hat gesessen!"

„Ihr Beifall, Herr Breitmeyer, tut jedes Mal gut! – In Anerkennung Ihrer Verdienste um unsere Schule übergibt Ihnen nun der Kollege Tamm – er hat's doch wohl besorgt, der Herr Tamm? Ja? – also, einen Buchgutschein. Obwohl wir natürlich alle wissen, dass der Herr Winter schon ein Buch besitzt und deshalb vielleicht jetzt anbauen muss."

„Der Trend zum Zweitbuch hat sich auch für mich schon länger angedeutet", erwiderte Winter. „Danke für die schönen Worte, Herr Ruprecht. Ich werde Sie mir hinter die Ohren schreiben – ganz nach der von Ihnen so häufig gebrauchten Redensart *denken wir daran!* Nicht nur ich habe mich häufig gefragt, was Sie damit meinten, doch offenbar habe ich selten falsche Schlüsse gezogen, sodass Sie nicht deutlicher werden mussten. Und nun: Her mit dem Schein, Kollege Tamm! Nur die Bibel im Haus zu haben, ist selbst für einen treuen Landesbeamten, der sich verpflichtet hat, das Christlich-Gemeine, Quatsch, das Gemein-Christliche, Hilfe ..."

„... Meinsch' die krischtliche Gemeinschaftsschul?", versuchte Lothar Spätzle zu helfen.

„Genau", bestätigte Winter, „auch für einen von der christlichen Gemeinschaftsschulidee zutiefst angetörnten Landesbeamten ist der alleinige Besitz der Bibel zu dürftig, zumal er während der Schulabstinenz nun doch den einen oder anderen Blick in diese oder jene Richtung wird werfen dürfen – er kann ja niemandem schaden. Aber was ich mir von den" – er klappte den Gutschein auf und pfiff durch die Zähne – „zwanzig Euro! kaufen werde?"

„Wie wär's mit *Lehrerzimmer?*", schlug Veronika Hug vor. „Ich hab' den Autor – na, wie heißt er denn? – in der *Literarischen Gesellschaft* gehört, da hat er draus gelesen. Kostet 18,90. Für den Rest kannst du dir dann noch eine Butterbrezel kaufen."

„Herrschaft Veronika", platzte Rainer Fromut heraus, „ich hab' dir schon immer viel zugetraut, aber dass du auf deine alten Tage dich jetzt auch noch für die Dichter interessierst, das find' ich geil."

„Gemeiner Mensch! Armin, das *Lehrerzimmer* würd' ich dir echt raten. Ist ein tolles Buch!"

„Liebe Kolleginnen und Kollegen, denken wir daran", schaltete sich nun Ruprecht wieder ein.

„Also, ich bin überwältigt und bedanke mich bei allen sehr herzlich", brachte Winter noch schnell zuweg.

„Auch den zweiten Kollegen, der uns in den anderthalb Jahren sehr ans Herz gewachsen ist, stimmt's, Frau Hoch?", fuhr Ruprecht energisch fort, „lassen wir ungern ziehn, hat er doch, wir erinnern uns, den letzten Lehrerausflug wirklich schön organisiert, mit einer Weinprobe – die denkt mir ewig – und auch sonst hat er sich übermäßig engagiert: Stichwort Schullandheim, Stichwort Abschlussfahrt. Wo es was zu spielen oder zu singen gab, ob in der Theater AG von Frau Hoch oder im Lehrerchor von unserem Lothar, der junge Kollege Hummel war einfach da. Und er wäre auch gern bei uns geblieben, hat er mir gesagt. Und ich hab' der Frau Wunderlich deutlich gemacht, dass wir ihn brauchen könnten. Aber, wie wir alle wissen, hat so was noch nie geholfen. Nun kommt er nach Wiesental, und die Vorbereitungen für den Nestbau sind auch schon schwer im Gang, wie ich höre, Frau Hoch?"

„Wir haben uns ein paar Baulücken angeguckt", wiegelte Lara Hoch ab.

„Und uns auch in eine verguckt", ergänzte Hummel, „am Hang."

„Irgendwo zwischen hier und Wiesental, nehme ich an?"

„Nein, in Wiesental direkt, fünf Minuten zu Fuß von Valis Schule."

„Ja gut, und Sie – jeden Tag hierher?", wandte Ruprecht ein.

„Das wird sich zeigen – in ein paar Monaten", plusterte sich Hummel.

„Au", sagte Ruprecht, „das hört sich für unsere Schule aber nicht so gut an."

„Mensch Vali, halt jetzt endlich den Mund!", protestierte Lara Hoch.

„Manche lassen sich schon vor der Hochzeit scheiden!", rief Rainer Fromut.

„Also, wie schon gesagt", kam Ruprecht auf den Anfang seiner Rede zurück, „auch den Herrn Hummel lassen wir ungern ziehn und geben ihm unsere Festschrift zum 25. Bestehen unserer Schule mit auf den Weg – mit vielen schönen Beiträgen."

„Zum Beispiel dem Wortlaut unserer Hausordnung, an der federführend Herr Winter beteiligt war", ergänzte KonRat Kirchner.

„Hier!" Ruprecht streckte die Broschüre in Hummels Richtung.

Da Hummel keine Anstalten machte, sie abzuholen, erbarmte sich Sylvia Oberding, nahm sie Ruprecht aus der Hand und reichte sie an Winter weiter.

Schon bei Peter Tamm, der noch relativ jung an dieser Schule war und die Jubelschrift nie zu Gesicht bekommen hatte, blieb sie hängen.

„Ich möchte", Hummel erhob sich von seinem Stuhl, „jetzt auch einfach danke sagen. Mir ist in den letzten anderthalb Jahren von einigen Kolleginnen und Kollegen tierisch viel geholfen worden. Und so hab' ich jetzt fertig. Und das war's auch schon. Man sieht sich."

„Was ist denn jetzt mit der Kollegin Kühlwein, Bernhard?", fragte Spätzle.

„Gut, nun also die schlechten Nachrichten", holte Ruprecht aus. „Vorhin hat mich die Frau Berling angerufen, die ist ja mit ins Krankenhaus gefahren. Frau Kühlwein ist wieder bei Bewusstsein, aber sie hat sich bei ihrem Sturz schwer verletzt. Beide Arme, beide Handgelenke, das Schlüsselbein und wahrscheinlich ein Fußknöchel sind gebrochen, und eine schwere Gehirnerschütterung hat sie auch. Für uns erhebt sich die Frage, wer kann sie kurz- und vielleicht sogar mittelfristig vertreten? – Ja, Frau Hug, Sie nicht, ich seh' es ein. Wir werden uns beim Schulamt um Ersatz bemühen und vorsorglich der Frau Kühlwein die künftigen Zehner wegnehmen, weil ja gar nicht sicher ist, wann sie wiederkommt. Auf alle Fälle: Die Zehner kriegen Sie, Frau Hug – basta!"

„Wo ist eigentlich Lichtwald?", wandte er sich an KonRat Kirchner.

„Hat sich krank gemeldet. Musste dringend zum Arzt. Wegen heute früh, wegen dem Stolperer beim Eierlaufen. Da hat er sich was gezerrt, wenn ich's richtig verstanden habe. Kommt vor den Ferien nicht mehr. Hat's Ihnen die Frau Berling nicht gesagt?"

„Keinen Ton. Also nein, das darf doch nicht wahr sein!"

„Ist aber so."

„Ja, und wer hat die Karteikarten von Lichtwalds 8 b?", wollte Ruprecht noch wissen.

„Hier", meldete Veronika Hug und schwenkte sie demonstrativ.

„Wieso, was haben Sie denn in der 8 b? Ach so, ja, Bio", fiel es ihm ein.

„Stefan, kannst du vielleicht für die letzten Tage vor den Ferien sein Französisch in der 9 a übernehmen? Die Frau Grustel flippt sonst wieder aus, ist ja nicht das erste Mal in diesem Jahr!"

„Wenn du meinst, Bernhard! Ich habe schon das Fach Musik bedient und gelegentlich im Englischen dilettiert, also werd' ich auch das bisschen Damen-Französisch hinkriegen. Ich übe mit denen den Deserteur von Jacques Brel."

„Untersteh' dich, Stefan!", drohte Ruprecht. „Ist also erledigt. Und die Karteikarten von der Frau Kühlwein, wer hat die?"

„Ha, die hab' ich, Bernhard", gab Spätzle verschnupft bekannt. „Drum frag ich doch. Ich schreib dann auch die Zeugnisse."

„Na gut, dann ist das geklärt." Ruprecht seufzte erleichtert. „Bevor wir nun zum Tagesordnungspunkt 1, Versetzungen bzw. Nichtversetzungen kommen, muss ich noch einiges loswerden. Punkt 1: Beim Malwettbewerb der Sparkasse haben die Klassen 5c und 6a je hundert Euro gewonnen. Wir freuen uns darüber und hoffen, dass Kollegen, die diesmal keine Zeit gefunden haben, sich mit ihren Klassen zu beteiligen, es als Ansporn empfinden für nächstes Mal – nicht wahr, Frau Hoch, Herr Tamm! Man kann nicht hergehen und die Sparkasse anbetteln, wenn man ins Schullandheim will und ihrem pädagogischen Anliegen die kalte Schulter zeigen. Da wäre ich als Sparkassendirektor auch sauer."

„Also, ich kann weder einen künstlerischen noch einen pädagogischen Wert in diesen Wettbewerben erkennen", tönte Zordel. „Denen geht es doch nur um Kundenknebelung von der Krippe bis zur Bahre. Ich würde denen meine Schüler jedenfalls nicht ausliefern, wenn ich Bildende Kunst hätte. Das ist eine ganz fiese Tour. Die umgehen damit das Werbeverbot in Schulen."

Spätzle summte *alle Jahre wieder.*

Ruprecht fuhr ungerührt, doch mit deutlich erhobener Stimme fort: „Das Zweite – die Ministerin bedankt sich für die von uns in diesem Schuljahr geleistete Arbeit und wünscht erholsame Ferien."

„Annette, wir lieben dich, aber scher' dich endlich zum Teufel!", erboste sich Rainer Fromut.

„Da kommt sie ja her", lästerte Zordel.

„Wenn sich gewisse Kollegen ihre mehr oder weniger passenden Bemerkungen verbeißen könnten, kämen wir zweifellos schneller voran", stellte Ruprecht fest. „Drittens: Es gibt wie jedes Jahr einen Tag der offenen Tür bei der muslimischen

Gemeinde in Pillingstätt. Bitte, Herr Knecht: Sie waren letztes Jahr dort mit Ihren Siebtklässlern, und es war doch interessant, oder?"

„Für mich schon", räumte Knecht ein, „für die Schüler weniger. Ausgerechnet zwei von meinen drei Türken haben sich so was von daneben benommen! Die hätten glatt ihre Schinkenwecken ausgepackt mitten in der Moschee, wenn ich ihnen nicht auf ihre ungewaschenen Finger geklopft hätte."

„Na, das klingt wieder ein bisschen martialisch, wie wir es von Ihnen gewöhnt sind. Gab es denn nicht auch was Positives?"

„Na ja, der Gemeindevorsteher wollte ihnen was über seine Rellijon erzählen, aber das ging denen so was von am Ärmel vorbei!"

„Na schön, aber das Angebot steht. Wenn vielleicht doch der eine Kollege, die andere Kollegin die Moschee beim Jahresausflug mitnehmen möchte, kann ich dazu nur ermuntern. Irgendwie müssen wir ja mal anfangen mit dem Gespräch. Und die andere Seite ist, wie wir sehen, willig."

„Die sollen erst mal aufhören, unsere Schüler in ihrer Koranschule zu indoktrinieren!", ereiferte sich Klaus Sigismund.

„Die machen's genau wie du in deinem Reli-Unterricht", giftete Zordel.

„Das muss ich mir nicht bieten lassen, nimm das sofort zurück!"

„So wie du in deinem Reli-Unterricht niemals. – Jetzt zufrieden?"

„Also, ich geh' mit meinen Siebenern hin", meldete Lara Hoch. „Und der Herr Winter wird uns vielleicht als Fachmann begleiten."

„Denken wir daran!", riss Ruprecht den Gesprächsfaden wieder an sich. „Wenn das so weitergeht, so undisziplert, sitzen wir um acht noch da."

„Um zehn vor sechs kommt *Verbotene Liebe*", klagte Lara Hoch, „da muss ich daheim sein. Lach nicht so blöd, Jens. *Verbotene Liebe* ist ein Muss für Pädagogen. Wie willst du begreifen, was unsere Zehntklässlerinnen im Innersten bewegt, wenn du nicht mal weißt, was sich Tag für Tag zwischen zehn vor und zwanzig nach sechs für Dramen abspielen!"

„In dem Alter haben die Weiber ihren Bauch im Kopf, und die Knaben ihre Schwänze in der Hand", bemerkte Fromut.

„Also Kollegen, langsam hat man den Eindruck, in einen Kindergarten geraten zu sein", mischte sich KonRat Kirchner ein. „Wenn einige so weitermachen wie bisher, spielt sich heute Abend überhaupt keine Liebe ab, weil wir immer noch dahocken und uns im Zotenreißen übertrumpfen, statt uns auf unsere schwierigen Fälle zu konzentrieren."

„Da hasch recht, Dschonny", ließ sich Spätzle vernehmen. „Ich schlag' vor, dass jeder, der jetzt noch mal vom Thema torkelt, beim näkschten Betriebsausflug eine Runde zahlt."

„So machen wir's", nahm Ruprecht den Ball auf. „Wir steigen also endlich in die Tagesordnung ein."

# 12

„Klasse 9 c. Bitte, Herr Treutsch."

„Also – ja."

Treutsch hatte nicht damit gerechnet, dass rückwärts verfahren, d.h. statt mit 5 a mit seiner Klasse begonnen wurde.

„Versetzungsgefährdet sind die folgenden Schüler."

„Halt", verwies Ruprecht, „nennen Sie Namen und Noten!"

„Das wollte ich ja gerade. Also – : Da ist die Tanja Ochs."

„O nein, nicht schon wieder!" Veronika Hug verdrehte die Augen.

„Doch", fuhr Treutsch fort „sie hat in Physik, Gemeinschaftskunde und Sport eine Fünf."

„Sport fällt weg, wenn sie schön malt oder singt", steuerte Fromut bei. „Ihr Gesicht malt sie sehr kunstvoll an."

„Gut – was hat sie sonst noch zu bieten?", wollte Ruprecht wissen.

„Lauter Vierer. Nur in Musik eine Drei. – Ach Gott, in Ethik eine Zwei!"

Aller Augen richteten sich auf Winter, der gerade guter Hoffnung war, etwas von dem Überdruck in seinen Gedärmen kontrolliert, laut- und hoffentlich (ge)ruchlos zu entlassen, nun aber sein Vorhaben aufgeben musste.

„Ich", presste er hervor, „kann über Tanja Ochs eigentlich nichts Negatives sagen. Sie hat sich immer mehr oder weniger am Unterricht beteiligt. Gut, ihre Bemerkungen waren vielleicht manchmal nicht sehr klug, aber sie stellte oft die richtigen Fragen, an denen ich erkennen konnte, dass sie bei der Sache war. Das ist doch nicht wenig, oder?"

„Eine Zwei ist aber viel", mischte sich Klaus Sigismund ein. „Bei mir in Religion war sie jedenfalls eine tönerne Schelle und hatte sich ihre Fünf redlich verdient. Deshalb, Herr Winter, ist sie ja wohl zu Ihnen in Ethik ausgewandert."

„Ich muss sagen, dass mich dieser unverblümte Vorwurf, bei mir bekämen Schüler ihre Note geschenkt, ein klein wenig stört, Kollege Sigismund."

„Vielleicht werden im Biotop der Atheisten wahre Wunderblüten herbeigezaubert. Wie klein war Ihre Gruppe denn in diesem Schuljahr?"

„Es waren, glaube ich, zwölf – wie die Apostel", gab Winter zu.

„Und ich katholischer Esel muss mich mit über dreißig Neuntklässlern herumschlagen!"

„Wenn Ihnen Tanja Ochs letztes Jahr nicht abhanden gekommen wäre, hätte Ihre Gruppe geteilt werden können", bemerkte Ruprecht.

„Also das – das ist ja der Gipfel!" Klaus Sigismund schmiss seinen Kuli auf den Tisch.

Dabei waren es, zog es Winter leise durchs Gemüt, genau genommen, sogar nur elf gewesen. Der Judas Tobias, einer der wenigen Schüler aus der nahen Keisstadt und Mitglied der Jungen Union, war nach sechs Wochen reumütig zu Sigismund zurückgekehrt. Kein Geringerer als der Vorsitzende des CDU-Stadtverbands hatte sich ihn vorgeknöpft und ihm klargemacht, dass er als Abfälliger nicht nur eine Karriere in der Jungen Union in den Wind schreiben konnte, sondern auch nie und nimmer damit rechnen dürfe, kirchlich getraut und beerdigt zu werden. Besonders das hatte Tobias total fertiggemacht.

„Zur Sache bitte", forderte Frieder Knecht. „Die Ochs ist erledigt. Das sehe ich doch richtig!"

„In der Tat", bestätigte KonRat Kirchner, „jetzt ist nur die Frage, kann die Schülerin überhaupt nochmal wiederholen?"

„Sie kann! Ihre letzte Ehrenrunde war in der Siebten", stellte Treutsch klar.

„Aber ihre Schulpflicht hat sie erfüllt, und wenn sie gehen will, sollten wir uns ihr nicht in den Weg werfen", merkte Knecht an.

„Ich gebe zu bedenken", mahnte Ruprecht, „dass wir nicht so leichtfertig über das Schicksal eines jungen Menschen entscheiden sollten. Schließlich hat sie uns nichts getan."

„Genau, die Dame hat nie nichts getan. Und deshalb müssen wir sie weiter mitschleppen?", empörte sich Knecht. „Ich bin dagegen. Auf keinen Fall kommt die mir in die künftige 9 c! Da hocken schon ihre Freundinnen Tina und Elisabeth. Nein, dann weigere ich mich, die Klasse im nächsten Schuljahr zu übernehmen."

„Moment, so geht's nicht! Kein Lehrer kann sich seine Schüler aussuchen, das gilt auch für Sie, Herr Knecht!", stellte Ruprecht klar.

„Bloß die Ethikschüler ihren Lehrer", giftete Sigismund, „das ist unglaublich."

„Wir sollten", schaltete sich KonRat Kirchner ein, „diese fruchtlose Debatte beenden und lieber darüber reden, was wir Tanjas Eltern raten sollen. Wenn sie bei uns die neunte Klasse wiederholt, kann es natürlich passieren, dass sie nächstes Jahr wieder in den Seilen hängt. Es gibt ja da auch noch das BK I und dann das BK II ..."

„... aber nur für Leute mit wenigstens einem Hauptschulabschluss. Und den schafft sie bei uns nicht, basta!", rief Fromut.

„In der Hauptschule aber auch nicht. Die weigern sich ja inzwischen – völlig zu Recht – unsere Blindgänger in ihre neunten Klassen aufzunehmen und ihnen den Abschluss zu schenken", fuhr Kirchner fort. „Das heißt, wir müssten alle noch einmal überlegen, wie hieb- und stichfest Tanjas Noten sind."

„Oh nein!", rief Veronika Hug. „Meine Note in *Mensch und Umwelt* ist 3,7. Und das ist doch eindeutig eine Vier."

„Natürlich", bestätigte Ruprecht. „Aber wie sieht es denn mit der Gemeinschaftskundenote aus, Herr Treutsch?"

„Bei beiden Tests hat sie gefehlt."

„Und?"

„Ja, sonst hat sie nie den Mund aufgemacht."

„Sie haben sie aber dazu aufgefordert?"

„Nicht direkt."

„Ja, sehen Sie, liebe Kolleginnen und Kollegen, da haben wir ein Problem. Der Jurist vom Oberschulamt wird sagen, der Herr Treutsch hätte sich um einen Leistungsnachweis bemühen müssen. Ich garantiere Ihnen, damit kommen die Eltern der Schülerin durch."

„Was machen denn Tanjas Eltern so?", fragte Fromut.

„Der Vater unterrichtet an einer Berufsschule, und die Mutter ist durchgebrannt", trug Veronika Hug bei.

„Eben", schloss Ruprecht. „Ich garantiere, der Berufsschul-Kollege macht uns Ärger. Also, Herr Treutsch, wie belastbar ist Ihre Fünf in Gemeinschaftskunde? Ich bin weit entfernt, auf Ihre Notengebung Einfluss nehmen zu wollen."

„Gut, man könnte sagen, sie hatte öfter Kontakt mir ihrer Nachbarin Viola Haas, und die hat ziemlich häufig den Mund aufgemacht."

„Und?"

„Ab und zu kam Richtiges heraus."

„Und welche Note bekommt die Frau Haas?"

„Eine Drei."

„Dann war Tanja vielleicht zu schüchtern, sich im richtigen Moment zu melden oder sie hat sich immer ein bisschen hinter der Haas versteckt – könnte das sein? Gemeinschaftskunde lebt ja vom Austausch der Meinungen."

„Aber wie soll ich denn bewerten, was sie – möglicherweise – ihrer Nachbarin Viola zugeflüstert hat – ich bin doch kein Hellhörer?"

„Haben Sie nachgefragt?", nagelte Ruprecht Treutsch fest.

„Das nicht", gab der zu, „also gut, wenn es im Sinne der Schülerin und der Schule ist, ringe ich mich zu einer Vier durch."

„Damit ist die Ochs gerettet", registrierte Kirchner, „ihren Physik-Fünfer gleicht der Ethik-Zweier aus. Bitte, Herr Treutsch, Ihr nächster Fall."

„Vestburga Schmitt. Hat in Mathe, nein, Moment, in Englisch eine Fünf, in Deutsch, Mathe und in MUM je eine Vier."

„Damit müsste sie wiederholen", vermerkte Ruprecht.

„Aber in Ethik hat sie doch sicher einen Einser", moserte Klaus Sigismund.

„Es geht hier um die Kernfächer, da kann sie sonstwo Einser haben so viel sie will, es nützt ihr nichts", mahnte Kirchner.

„Hat sie aber gar nicht. Sie ist eine typische Dreier-Schülerin", klärte Treutsch.

„Nun gut: Wie viele Russlanddeutsche hat sie natürlich die englische Krankheit. Dafür kann sie perfekt Russisch, und ich meine, wir müssten das berücksichtigen", merkte Kirchner an.

„Wer wir – der Englischlehrer?", ereiferte sich Knecht. „Diese ganzen Schein-Deutschen sollte man wieder nach Sibirien schicken, wo sie hingehören. Die machen zusammen mit den Türken unser Land kaputt."

„Aber doch nicht die Vestburga, Herr Schmitt, Entschuldigung, Knecht. Die ist doch so was von brav", nahm Kirchner sie in Schutz.

„Herr Hollerbach", wandte er sich direkt an den Fünf-Geber, „ich weiß schon, dass Sie mir gleich anhand Ihrer akribischen Notenliste nachweisen werden, dass Ihnen keine Wahl bleibt. Aber gerade in so 'nem Fall muss man, finde ich, eine pädagogische Entscheidung treffen. Und die kann meiner Ansicht nach nicht heißen, wir lassen die Schmitt sitzen. Was hat es denn verbrochen – das Mädle!"

„Null und nix", räumte Hollerbach ein. „Aber was soll ich tun! Gerechterweise müsste ich dann allen meinen Schülern unbesehen eine Note besser geben. Nur, was mach' ich dann mit meinen Einsern?"

„Klasse, Kollege!" Fromut schlug sich auf die Schenkel.

„Wie ist sie denn in Deutsch?", schaltete sich Ruprecht ein. „Vielleicht könnte man da ein Auge …"

„… zudrücken auf keinen Fall", unterbrach Zordel, „die Vestburga hat, wie die meisten Russlanddeutschen, auch erhebliche Schwierigkeiten mit ihrer Stiefmuttersprache. Die schreibt furztrockene Erörterungen, völlig phantasielos und im Ausdruck sehr, sehr mäßig. Normalerweise wäre sie bei mir Fünf, wenn sie nicht von daher käme."

„Also auch keine Chance auf einen Dreier", konstatierte Kirchner.

„Bleibt nur noch MUM, Frau Hug!"

„Nein, Herr Ruprecht, das kann keiner von mir verlangen!"

„Verlangen – verlangen! Kein Mensch verlangt! Andererseits gibt es gerade in MUM doch eher auch mal weiche Themen …"

„… Quark zum Beispiel", warf Zordel ein …

„… ich meine, haben Sie denn Vestburga mal Gelegenheit gegeben, ein Familiengericht auf den Tisch zu bringen – Borschtsch zum Beispiel?"

„Die Vestburga hat zwei linke Hände", erklärte Veronika Hug. „Geben Sie Ihr ein Ei, lässt sie es fallen. Wenn es am Ende der MUM-Stunden was zu essen geben soll, muss ich Frau Schmitt von Töpfen und Pfannen möglichst fern halten. Sie weiß das übrigens auch und schneidet Kräuter und Zwiebeln bis zum Steinerweichen."

„Na also, das ist doch etwas! Dann ist sie doch fleißig!"

„Ja gut, das kann niemand bestreiten. Ich schau noch mal nach. – Also ihr Notenschnitt liegt bei dreikommasiebenfünf, also kommaacht. Da kann ich ihr doch wohl beim besten Willen keine Drei machen."

„Die zweite Kommastelle fällt im allgemeinen weg, also dreikommasieben. Ihr eine Drei zu geben, wäre eine gute pädagogische Entscheidung", ermunterte Ruprecht Veronika Hug.

„Also gut, ich nehme die Vier zurück. Um der Gerechtigkeit willen dann aber auch bei der Ochs. Der kann die Schmitt das Wasser reichen."

„Das ist dann Ihr Bier, Frau Hug", schloss Ruprecht.

„Alkoholfreies natürlich", trug Fromut nach.

„Dir sollte man eine Witzzulage in Form von Mehrarbeitsstunden verpassen, Rainer", blaffte Ruprecht. „Waren das Ihre Kandidaten, Herr Treutsch?"

„Das waren sie. Dann kann ich aber der Tanja Ochs doch meine Fünf geben, oder?", fragte Treutsch. „Dabei wäre es mir dann echt wohler."

„Rein rechnerisch ja, denn jetzt hat sie ja einen soliden Ausgleich."

„Und noch eine Frage hätte ich."

„Bitte." Rektor Ruprecht nutzte die Pause, um die Anwesenheitsliste auf den Weg zu bringen.

„Ein paar Kollegen haben in meine Klassen-Liste Verhaltens- und Mitarbeitsnoten eingetragen. Die meisten aber nicht. Aber es sind Vierer dabei! Müssen wir jetzt darüber abstimmen?"

„Spielt doch keine Geige!", rief Stefan Zordel.

„Herr Treutsch: Neuntklässler kriegen seit geraumer Zeit keine Kopfnoten mehr", erklärte Ruprecht. „Aber das hat sich noch immer nicht in allen Köpfen festgesetzt."

„Leider!", moserte Knecht. „Allerdings sehen Arbeitgeber doch an den Leistungsnoten, wes Geistes Kind sie vor sich haben. Und gucken sich im Übrigen inzwischen alle Zeugnisse an. Wenn so aus einem Saul ein Paul werden soll, muss schon was Wunderbares passieren."

„Was Sie da sagen, ist ja irgendwie ganz lustig", räumte Ruprecht ein. „Aber ich denke, jetzt ist die Sache geklärt."

„Wie alle Jahre wieder", stellte Spätzle fest.

„Tschuldigung", stammelte Treutsch, „ich wollte die Konferenz nicht verlängern. Andererseits hab' ich gedacht, die erfahrenen Kollegen wissen schon, was sie tun."

„Wart's ab, irgendwann beginnt für jeden die Phase der Vertrottelung", gab Fromut seinen Senf dazu.

Auch Winter fühlte sich direkt angesprochen: Niemandem nützten jetzt seine Verhaltens- und Mitarbeitseinser. Andererseits war er inzwischen, infolge des Mittagsschlafentzugs, so müde, dass er am liebsten sein Haupt auf die Tischplatte gebettet hätte. In der 9 a, das wusste er schon, war niemand versetzungsgefährdet, und so hatte er, bis seine Siebtklässler an die Reihe kamen, Empfangs- und Sendepause. Da es aber (bitteschön!) hier direkt um die Weichenstellung für die (Schul-)Laufbahnen junger Menschen ging, wurde eine offensichtliche Schlafstellung ungern gesehen. So war es hohe Schulkunst, aufrecht sitzend mit offenen Augen zu schlafen und beim leisesten Weckruf präsent zu sein. Winter beherrschte sie nach fünfunddreißig Dienstjahren perfekt.

Wie viele fruchtarme Stunden hatte er hier zusammen mit Kolleginnen und Kollegen versessen! Einige von ihnen lagen schon eine Etage tiefer, und keine Sau dachte mehr an sie. Allenfalls bei Klassentreffen ehemaliger Schüler fielen manchmal ihre Namen. Außerdem galt es ja nun als erwiesen, dass mindestens eine ganze Lehrergeneration einen schiefen Turm gebaut hatte, der jederzeit lang hinschlagen konnte. Da vergaß man die Unglücksraben am besten gründlich und stellte die willigsten Referendare und Referendarinnen ein. Die mussten von mehr Glück als Verstand reden, wenn man sie trotz einer

Prüfungsnote von *nur* einskommasechs einstellte. Umso fester nahm die Bertelsmann-Stiftung sie an die Kandare und PISAkte sie und ihre Schüler mit immer neuen internationalen und nationalen Vergleichstests.

# 13

Tamm stieß ihn an. Sofort war Winter wieder da.

„Andreas Helbig aus der 9 a!", zischte Tamm.

„Was soll ich tun?", fragte Winter, der merkte, dass ihn alle anschauten.

„Fänden Sie es auch sinnvoll, Herr Winter, wenn Andreas die Neunte freiwillig wiederholen würde?"

„Nicht unbedingt. Der arme Teufel wird mit seiner Behinderung leben müssen, und da ist auch mit dem Wiederholen einer Klasse nichts zu verbessern."

„Genau", stimmte ihm Frieder Knecht zu. „Ich kann bis heute nicht begreifen, dass dieser Thomas, wie hieß er sonst noch ..."

„... Torwald", half KonRat Kirchner ...

„... richtig, dass dieser Torwald, der dem Helbig vor drei Jahren eins auf die Nuss gegeben hat, so glimpflich davongekommen ist. Ich wundere mich nicht, wenn dieses miese Bürschchen eines Tages jemanden umbringt. Wohin haben wir den eigentlich abgeschoben?"

„Er erfreut unsere Kollegen an der Geschwister-Scholl-Realschule in Ludwigsbruck", klärte Fromut auf. „Sein Vater ist ja bekanntlich Rechtsverdreher und hat jetzt dort seine Kanzlei. Spezialität Ehe- und Familienrecht. Die Mutter von dem Früchtchen ist übrigens auch Anwältin, aber mit einem Drang mehr nach Nordosten – Finsterwalde oder so."

„Also, was raten wir der Frau Helbig? Ich bin eigentlich auch der Meinung wie der Herr Winter", bekundete Ruprecht.

„Vielleicht wächst sich beim Andreas mit der Pubertät ja noch was aus, und er wird ein ganz normaler Erwachsener."

„So wie du, Bernhard", bekräftigte Zordel, „oder ich."

„Also gut", schloss Sylvia Oberding, „dann versuche ich, der Frau Helbig ihre Idee auszureden. Die ist ja so was von lieb und hilflos – und dabei noch ein Kraftpaket gegen ihren Mann."

„Stimmt. Wie der überhaupt so was wie den Andreas hingekriegt hat!", wunderte sich Knecht.

„Die Manneskraft blüht im Verborgenen", behauptete Fromut.

Winter zog sich wieder in sein Gehäuse zurück. Hätten sich bloß diese verdammten Blähungen verflüchtigt! Das waren mindesten einskommafünf Atü: Verdammte Erbsen! Dass er auch nie an die Folgen dachte, wenn es ihm schmeckte. War doch abartig! Nur, wenn er ganz still hielt, ließ sich der Status quo, wenn auch unter erheblichen Schmerzen, einigermaßen erhalten.

Ach, wie vielen Reförmchen war er in seinem langen Berufsleben begegnet! Und alle, alle hatten sich als Blähungen erwiesen. Nicht, dass er ihnen ausgewichen wäre! Sie verschwanden ohnehin, hatte der Brut-Referent erst sein Plätzchen im Ministerium gefunden. Sang- und klanglos. Und dann gab es neuen Wein in alten Schläuchen. – Oder alten Wein in neuen Schläuchen? – Oder neue Schläuche zu alten Lektüren? – Mit Klett-Aufschlüssen. – Winter seufzte.

Tamm stieß ihn schon wieder an.

„Sie haben eben geschnarcht", ließ er ihn wissen.

„Wie gut, dass ich nicht grad im Auto hocke", flüsterte Winter.

Wie wenig einem Lehrer passierte – sogar, wenn er bei der Arbeit einschlief!

„Wo seid ihr denn?"

„Bei der 8 c – Lichtwalds Chaotenhaufen."

„Wenn ich da zufällig mal in die Klasse reinschaue, treibt's mich rückwärts wieder raus", hörte Winter KonRat Kirchners Meinung.

„Wie der Herr, so s'Gscherr", merkte Frieder Knecht an.

„Sie nehmen mir das Wort aus dem Mund", bekräftigte Ruprecht. „Ich hatte schon große Lust, die ganze Klasse nach der sechsten Stunde zum Saubermachen zu verdonnern – samt ihrem Klassenlehrer. Ein Saustall ist dagegen ein Wohnzimmer. Frau Hug, was ist?"

Veronika Hug hatte sich heftig zu Wort gemeldet, aber jetzt, da sie sprechen sollte, gelang es ihr nur unvollkommen: „Also nein, das ist – eine Gemeinheit ist das! Das hat der arme Wolf nicht verdient, dass man so über ihn herzieht, wenn er nicht da ist. Sieht denn keiner, wie fertig der ist?"

„Dann soll er wegbleiben", forderte Fromut.

„Also Moment", meldete sich Tamm zu Wort, „ich weise schon seit Jahren darauf hin, dass dieser Kollege in seinem Hauptfach ziemlich frei mit dem Stoffplan umgeht."

„Das stimmt wohl", pflichtete Sylvia Oberding bei. „Wer von ihm eine Klasse übernimmt, der kann erst mal wie im Nebel herumstochern. Der Kollege ist meiner Ansicht nach ein Lust-Lehrer, mit starker Tendenz zur berufsmäßigen Unlust."

„Vielleicht hat der Wolf zu viel Lust auf anderes", warf Fromut ein.

„Wie meinsch du das?", fragte Lothar Spätzle.

„Na, auf Rotkäppchen. – Nur so als Beispiel."

„Ach so –", Spätzle schien zu begreifen, „meint ihr wirklich? Ja, aber dann müsste man doch versuchen ..."

„... haben wir längst, Lothar", unterbrach Ruprecht. „Ist dir nicht aufgefallen, dass wir seit einiger Zeit keinen Tropfen mehr im Lehrerzimmer dulden? Nicht, weil wir plötzlich alle Abstinenzler geworden wären."

„Ja, und du meinsch, das reicht?"

„Natürlich ist das nur eine flankierende Maßnahme", sprang KonRat Kirchner seinem Chef bei. „Aber was sollen wir denn sonst tun?"

„Das ist ja –", Spätzle rang um das richtige Wort, „bejammernswert und erschütternd."

„Na, endlich wissen's jetzt alle, wo beim Kollegen Lichtwald der Fisch gestrandet ist", stellte Veronika Hug fest. „Als Gesundheitsbeauftragte möchte ich aber darauf hinweisen, dass es sich um eine beihilfefähige Krankheit handelt, und nicht um eine Böswilligkeit des Kollegen."

„Moment – was hat das, wenn ich mal fragen darf, mit dem Saustall in der 8 c zu tun?", wollte Frieder Knecht wissen. „Man kann sowohl saufen als auch ordentlich seinen Job erledigen: Dienst ist Dienst, und Schnaps ist Schnaps."

„Rotkäppchen", korrigierte Zordel.

„Liebe Kollegen!", Ruprechts Stimme erhob sich zu Klassen-Stärke, „so kommen wir nicht weiter! Wir sind bei der 8 c, und da gibt es, wenn mich nicht alles täuscht, auch aufgrund dieser oder jener internen Probleme einige Versetzungsgefährdungen. Bitte, Frau Hug!"

„Gefährdungen? Ich glaub', für die meisten ist die Gefährdung schon rum. Die sind eh nicht mehr zu retten. Es handelt sich um Marvin, Jonas, Aykut, Oliver, Lena, Jessica und Jennifer."

„Sieben auf einen Streich", frohlockte Fromut.

Winter zuckte zusammen, als der Name Aykut fiel. Hatte ihm die Frau Brucker nicht Aykuts Technik-Ordner übergeben, mit der flehentlichen Bitte, ihn an den Kollegen Knecht weiterzugeben? Und? Hatte er es getan? Nein, natürlich hatte er den Zettel in seiner Hemdbrusttasche vergessen. Der Ordner steckte noch immer im Koffer, und Aykut bekam jetzt womöglich deswegen von Knecht eine Fünf.

„Ich hätte mal eine ganz banale Frage." Lara Hoch schien irritiert. „Wieso heißt der Brucker mit Vornamen Aykut und sieht auch so aus?"

„Wie?", fragte Veronika Hug.

„Na, wie ein Jungtürke vom Land."

„Wahrscheins hat's der Bruckerin ein Bäuerle aus Anatolien besorgt", vermutete Fromut. „Jetzt schafft sie jedenfalls an der Fleisch- und Wursttheke beim Real und ist alleinverziehend."

„Alleinunterhaltend, würd' ich sagen", korrigierte Veronika Hug. „Die Frau jammert am Stück. An allem und jedem sind die bösen Anderen schuld."

„Aber auf ihren Sohn lässt sie nichts kommen", vermerkte Sylvia Oberding.

„Genau das ist sein Verhängnis", mäkelte Knecht. „Ich hab' ihn ja in Technik. Nicht zehn Minuten kann der schruppen, schon hat er Blasen – nicht nur an den Fingern, sondern komischerweise auch an den Füßen. Und dann kommt er sechs Wochen lang mit grandiosen Verbänden. So hat er bis auf den Anfang meinen ganzen Metallkurs versäumt. Nichts gegen eine Schutzmutter. Aber die Frau Brucker hält noch den Schirm über ihn, wenn ihr Aykut unter der Dusche steht. Aus dem kann nix werden, das ist meine Meinung."

„Herr Knecht", meldete sich Winter zu Wort, „wahrscheinlich nützt es ihm nichts mehr, aber heut' früh war die Frau Brucker bei mir und hat mir Aykuts Ordner in die Hand gedrückt. Also, falls Sie noch Zweifel hätten ..."

„Vor vier Wochen", erregte sich Knecht, „sollten mir die Ordner vorgelegt werden. Jetzt kann er ihn sich sonstwohin stecken."

„Ich möchte ihn aber trotzdem loswerden", beharrte Winter.

„Dann legen Sie ihn in mein Fach", knurrte Knecht.

„Also los, bringen wir's hinter uns", forderte Breitmeyer, „ich kann nur sagen, auch rein sportlich ist Aykut eine Flasche. Heut' hat er's im Magen, morgen im Kreuz. Und übermorgen fehlt er. Der geht mir auf den Sack, der Kerl."

„Frau Hug, bitte schön langsam, zum Mitschreiben, die versetzungsrelevanten Noten unserer Helden aus der 8 c", beendete KonRat Kirchner den Disput.

Die Liste war beeindruckend. Hummel kam gar nicht mehr mit. Doch Veronika Hug diktierte mit kurzen Pausen gnadenlos weiter.

Das Ergebnis: Alle sieben blieben hängen. Vier von ihnen wollte man an die Hauptschule „abgeben", drei durften wiederholen. Vage Hoffnungen äußerte Veronika Hug für den Werdegang von Jennifer Pfeifle, deren Vater Koch war. Die hatte von nichts eine Ahnung, aber „beim Kochen immer das richtige Feeling – ein Naturtalent", schloss sie die Akte der Klasse 8 c, in der es natürlich auch haufenweise Verhaltens- und Mitarbeits-Vierer gegeben hatte, nicht nur bei den Sitzenbleibern.

In Zordels 8 b dagegen hatte es Maik Timmel erneut geschafft.

Als nun die 8 a aufgerufen wurde, beschränkte sich Frieder Knecht auf vier Worte: „Alles – in – guter – Ordnung!"

„So was Langweiliges", warf Zordel ein.

Knecht blickte stolz in die Runde.

„Tja", resümierte Ruprecht, „manchmal, leider viel zu selten, mischen sich eben die richtigen Säfte, sodass in einer Klasse einfach ein gutes Gebräu herauskommt. Woran liegt das?"

Knecht wusste es natürlich: „Die Kolleginnen und Kollegen in der 8 a ziehen alle an einem Strang. Das muss ich wirklich einmal hervorheben. Wir haben uns schon im letzten Schuljahr zusammengesetzt und das vielbeschworene Methodentraining miteinander abgestimmt. In dieser Klasse weiß jeder, dass sich der Mathelehrer nicht gegen die Englischlehrerin ausspielen lässt."

„Und ich hab' in der 8 a noch nie einen Schüler in seiner Straßenjacke oder mit einer Baseball-Kappe auf dem Kopf angetroffen", begeisterte sich Ruprecht. „In der 8 b dagegen,

Entschuldigung Stephan, in der 8 c natürlich, wird erstmal diskutiert, wie warm oder kalt es objektiv und subjektiv ist, und am Ende hat der Knabe die Kappe verkehrtherum auf."

„Des isch die klare Linie, die ich seit Jahren fordere", stimmte Lothar Spätzle zu. „Nichts gegen die allerwerteschten Kollegen aus den späten Sechzigern, die gottseidank allmählich in den Ruheschtand dürfen, aber dieses Laisser-faire war schon ein Irrweg. Die haben uns doch alle nur ausgelacht, wenn unsereins gesagt hat: ‚Ich lob' mir Disziplin!' Man musste sich ja sogar rechtfertigen, wenn man auf saubere Heftführung geachtet hat, und wurde als Tüpfelesscheißer geschmäht ..."

„... ja ja, meine ewige Rede, Lothar", unterbrach ihn Ruprecht, „jetzt sollten wir aber schauen, dass wir weiterkommen. 7 c – bitte, Herr Hollerbach."

„Ich kann mich meinem Vorredner nur anschließen und muss leider gestehen, dass für einige in meiner Klasse alles zu spät ist."

„Namen und Noten!"

„Jan, Thomas, Dominik, Norman, Katrin und Helena."

„Was, so wenig?", fragte Zordel. „Könnt's sein, dass ihr ein paar Fläschle übersehen habt?"

„Nein", beschied Hollerbach. „Das sind alle. Tut mir leid."

„Können Sie fürs Protokoll noch mal die Nachnamen diktieren?", fragte Hummel, „ich kenn' die Schüler nicht."

Hollerbach tat's.

Nach Abarbeitung dieser Liste, beschloss Winter, würde er die Konferenz verlassen.

Es waren lauter „abgrundtiefe, klare Fälle", wie Hollerbach sich ausdrückte. Jans und Normans Eltern sollten bekniet werden, ihre Sprösslinge in die Hauptschule zu schicken, bei Helena und Katrin wollte man noch ein Jahr hoffen. Thomas und Dominik sollten auf keinen Fall in die gleiche Siebte zurückversetzt werden, da sonst die Hahnenkämpfe zwischen den beiden weitergingen.

„Das Problem wird sein, dass Dominik garantiert nächstes Jahr auch in die Technik-Gruppe will, denn in Französisch hat er ja eine Sechs", gab Hollerbach zu bedenken, „und die Technikgruppe sammelt sich auf jeden Fall in der gleichen Klasse."

„Dann soll er kochen gehen. Sein Vater ist doch Wirt", schloss Ruprecht die Debatte.

„Du hasch immer so gute Ideen, Bernhard", fand Spätzle.

Hollerbach wiegte sein Haupt, verbiss sich aber einen Kommentar.

Winter schälte fast geräuschlos ein Eukalyptus-Bonbon aus seiner Papierumhüllung und schob es in den Mund. Bestimmt das zehnte.

„Nicht so laut", rügte ihn gleich darauf Tamm und meinte die Kracher in Winters Mundhöhle, der jedem Bonbon Gewalt antat, wenn er nicht aufpasste wie ein Schießhund.

# 14

Winter sackte in den Sitz seines Autos und ließ die Fenster niederfahren. Die Hitze staute sich, das Lenkrad versengte schier die Hände.

Er startete und tastete sich aus dem Schul-Parkplatz hinaus. Zwar war die August-UHU der Hydrafortsatz einer halbtoten Gasse, doch rechnete man besser dauernd mit radelnden Kindern, die zum Hallen- und Freibad oder von dort heimwärts mäanderten. Bis zur Ampel, an der er nach links in die ortsauswärts führende Ludwigsbrucker Straße einbog, ließ er das Gebläse aufbrüllen, damit die Heißluft unter der Motorhaube rausgeschnaubt wurde. Dann sprang die Ampel auf Grün, er schloss alle Fenster, schaltete die Klimaautomatik ein und hatte nun freie Fahrt. Endlich ließ er auch Luft aus dem Darmballon.

Mitten in einer Fromut-Tirade war er aufgestanden – zum allerersten Mal so mir nichts, dir nichts. Alle sahen, wie er seinen Kram einpackte. Keiner hinderte ihn. Nur Ruprecht ließ sich zu einem Handschlenker hinreißen, der aussah, als wollte er eine Fliege verscheuchen – vielleicht nur ein Reflex auf die allerletzten FroMutwilligkeiten. Tamm hatte ihm ein Tschüß gezischelt, während Sylvia Oberding unbeirrt ein Loch in die Luft starrte. Dabei hatte Winter, ungelenk, wie er sich nach der langen Sitztortur bewegte, sie an der Schulter touchiert. Selbst auf sein gewispertes *Entschuldigen Sie bitte!* wandte sie sich ihm nicht zu, sondern blickte ihn unverwandt mit ihrem wächsernen Ohr an. Sylvia Oberding trug, seit Winter sie kannte, immer den gleichen Pferdeschwanz – mittlerweile in apfelschimmliger Färbung.

„Fertig?", hatte ihn Frau Himmelsbach gefragt, die sich am Ende einer langen Treppenputzstrecke den Schweiß von der Stirn wischte.

„Total – aber längst nicht so wie Sie", hatte er geantwortet und war, ganz gegen seinen Vorsatz, jederzeit auf Täschnersheimer Stimmen und Stimmungen zu horchen, nicht mal stehen geblieben. Hätte er es getan, wäre Frau Himmelsbach bestimmt stante pede von ihrem rechten Knie- auf das linke Hüftgelenk gekommen, dann auf das Zehntklässlersackhüpfen und die Leiden der (inzwischen nicht mehr ganz) jungen Heike, ihrer Tochter, die sich was hatte verkleinern lassen (oder vergrößern?) und ihren alten Lehrer immer noch „ganz arg" mochte. Winter fragte sich seit geraumer Zeit nicht mehr wieso. Wenigstens hatte er Frau Himmelsbach ein „Adele" gewinkt, und sie hatte ihm „ein schöner Tag noch!" nachgeschnauft.

Beim Einspuren in den Autobahnzubringer wollte ihm ein auf der rechten Bahn stur vor sich Hinrasender den Weg abschneiden, aber da hatte er Astras Turbokraft und Winters schneidigen Gasfuß unterschätzt. Souverän setzten sich die zwei dem unnachgiebigen Sportskameraden direkt vor die Nase und scherten keine hundert Meter weiter nach links aus, um, wiederum vor dem Bleifußbengel, einen Sprinter zu schlagen. Nun fühlte sich der gedemütigte Nachfolger befeuert, aufs Ganze zu gehen, mit geschätzten 150 (bei erlaubten 120) km/h vorbeizuziehen und dem infamen Fastrentner, der es wohl noch einmal wissen wollte und jüngere Exemplare der männlichen Spezies zu Fehltritten reizte, den Stinkefinger zu zeigen.

Winter drehte die Nachrichten an: In Traunstein war der Hochwasseralarm wegen deutlich gesunkener Pegelstände aufgehoben worden. Mohammed Bouyeri hatte sich vor einem Amsterdamer Gericht zum Mord an Theo van Gogh bekannt. Der vor der Insel Rügen entdeckte tote Finnwal war nach ersten Erkenntnissen von Meeresbiologen an Stress gestorben. In Monaco ging die Inthronisationsfeier Alberts II. noch immer ihren Gang: Als „eine Art Kommunion mit der monegassischen Bevölkerung" hatte der neue Fürst sich seine Machtübernahme gewünscht, berichtete ein Reporter, um dann fortzufahren: „Prinzessin Stephanie ergriff nach der Segnung Alberts Hand. Der Fürst ergriff daraufhin auch die Hand seiner zweiten Schwester Caroline von Hannover, die mit ihrem Gatten Ernst August Prinz von Hannover gekommen war. Beim Verlassen des Gotteshauses hatte Caroline Tränen in den Augen. Ernst August presste die Kiefer zusammen, um seine Emotionen unter Kontrolle zu halten."

„Hübsch beobachtet, aber vielleicht musste der Hannoveraner nur mal wieder ganz dringend ins Gebüsch", murmelte Winter und bog nun vom Autobahnzubringer in Richtung Hermannsau/Pillingstätt ab. „Für solche Bulletins zahlen wir doch gern unsere Siebzehneurodrei im Monat." Er schaltete von der Munterwelle des Landessenders auf den Deutschlandfunk um und geriet mitten in einen Disput: Ob nach den Anschlägen in London nun auch für Deutschland die Gefahr gewachsen sei?

„Natürlich kann man Bomben-Stimmung auch herbeireden", murmelte Winter und drehte das Radio ab. Linkerhand schwebte die Hermannsauer Friedhofsmauer vorbei, und die Ampel am Ostwest/Nordsüd-Straßenkreuz mit dem Steineichenstumpf zeigte Grün. Seit wann thronte auf ihm ein Bottich mit Geranien?

*Gib's auf, gib's auf* ging's ihm durch den Sinn und, statt auf die Tube zu drücken, wozu sein Hintermann ihn drängelte, fiel er ab und schlich (Himmel hilf, der schläft noch ein!) mit dreißig bei schon rötlichem Gelb hinüber. Auch sein Nachfahrer und dessen Anhang glitten ihm hinterher. Bei Knallrot. Das kam alles von der Hitze. Jetzt aber, als müsste das Herdendelikt wettgemacht werden, überholten ihn beide und der Zweite den Ersten kurz vor der Abzweigung nach Pillingstätt. Außer Winter und den Übeltätern wären wieder nur im Schatten dösende Tiere Zeugen des Hitzewahns geworden, wenn der letzte Sprintinsfeld wie vor ihm schon so mancher das richtungsweisende Schild auf der Insel zwischen den Fahrbahnen umgemäht und mit seinem Rasemobil die Wiese geküsst hätte.

Immerhin stieg Winter nun auch ein bisschen aufs Gas. Am Gartencenter brachten ihn die beiden Rennsportfreundchen fast zum Stillstand, weil eine ungewöhnlich lange Kette Entgegenkommender sie am Linksabbiegen hinderte: Wenn kein Spurt zu was führte, war's da nicht gescheiter, einfach nur vor sich hinzugondeln? Nun bog der Erste endlich ab und sein Hintersasse ließ abermals die Rennsau raus.

Winter dagegen war es trotz einmaligen Durchspurtens auf dem Autobahnzubringer bereits gelungen, sich – auf fiktive 100 Kilometer umgerechnet – ein Supersparergebnis von 4,3 Liter zu erschleichen, wie ihm ein Blick auf das Tacho-Anzeigefeld zeigte.

Nun kam die Pillingstätter Blumeninsel in Sicht. Woher plötzlich dieser (schwache) Impuls, ungelenkt in sie hineinzugleiten und mitten in den Blumen zu stranden? Brav wie seit Jahren umblubberte Winter sie im vierten Gang.

Durch Pillingstätt und den Rest des Heimwegs an der Vorbergzone des Schwarzwaldes entlang (alles alte Römerstraße) schwebte Winter fast wie im Traum. Nahezu fehlerlos: Als es in der Dreißigerzone blitzte, war er durchaus noch im Rahmen: 37 km/h kosteten höchstens fünfzehn Euro.

Geschafft: Einbiegend in den Goetheweg, sah er hinterm Herbst-Haus schon Rauch aufsteigen. Unter Straßennamen, die an Dichter und Denker gemahnten, waren nach einer Grünen-Bildungsinitiative im Stadtrat knappe Erklärungen angebracht worden. In diesem Fall: *Johann Wolfgang (von) Goethe 1749–1832, Faust-Dichter und Staatsmann.* Nichts verstand sich mehr von selbst.

Bei seinen Wirtsleuten ging es heute wie seit Wochen fast jeden Tag um die (Grill-)Wurst.

Ihren freundlichen Wurstattacken entkam nur, wer sich glaubhaft als (zum mindesten) Teilzeit-Vegetarier absetzte. Sie besorgten sich ihre Portionen – und waren stolz auf den „Geheimtipp" – in Großpackungen beim Lidl, denn es war angeblich das selbe Grill*gut* wie in Renners Hotel-Park-Grill.

Wie oft hatte sich Winter mit Waren von der Fleisch- und Wursttheke am Herbst-Paar vorbeigeschlichen! Das ging so weit, dass er Fleisch und Wurst *neutral* verpacken ließ wie einst (im März) die Kondome vom Apotheker, bloß um Otto und Liesel Herbsts Avancen zum Dreiergrill zu entfleuchen.

Kam Winter heim, begrüßte ihn auf Knopfdruck nicht selten die weiblich temperierte Computerstimme seines Anrufbeantworters – wie eben: *Eine neue Nachricht – heute 14 Uhr 28.*

Als er seinen Pilotenkoffer neben dem Schreibtisch absetzte, machte ihn der Gedanke, dass er ihn bald nicht mehr nach Täschnersheim ausführen würde, leicht melancholisch. Auch würde er sich nach anstrengenden (Tief-)Flügen durch alle Klassen nicht mehr sehnlichst wünschen, auf seinem Sofa zu landen und für eine halbe Stunde zu ruhen.

Auf dem Anrufbeantworter meldete sich sein Vater mit der Frage, wo um alles in der Welt Armin stecke. Denn es gab Anlass zur Klage: „Der blöde Zehdehbläher geht nicht richtig."

Winter seufzte: Wie oft und gründlich hatte er es schon bereut, seinen Vater mit dem Ding an Weihnachten beglückt zu haben. Erschöpfend hatte er ihm telefonisch und auch von Angesicht zu Angesicht erklärt, wo er zu drücken habe, damit André Rieu seinen Charme verwalzern konnte. Manchmal vergaß Horst Winter bloß, das Netzgerät anzuschließen oder verwechselte die Wiedergabe- mit der Schnelllauftaste. Dabei, viel falsch machen konnte man gar nicht. Nach einer Weile hatte Winter sich den gleichen Player selbst gekauft, um die Fehler, die sein Vater machte, aufzudecken. Doch der war im

Umgang mit dem Gerät erstaunlich erfinderisch, und seinen Sohn beschlich bisweilen der Verdacht, dass der CD-Player einwandfrei lief. Denn obwohl immer wieder die Meldung kam „das Scheißding geht nicht, ich schmeiß es noch zum Fenster raus!" (hätte er's doch endlich getan!) blieben Vater und *Bläher* unzertrennlich.

Nach der Ausrottung der Vinyl-Platten hatte Horst Winter sich jahrelang geweigert, CDs zur Kenntnis zu nehmen und unverdrossen seine alten LPs mit einem stumpfen Saphir abgeeiert. Nun war er CD-süchtig: Wie oft hatte Winter sich bei ihm rückzumelden versucht und war gescheitert, weil sein Vater unterm Kopfhörer das Telefonläuten nicht hörte. Die Dauerinszenierung nicht zustande kommender oder vertrackter Telefonate trübte Winters Wahrnehmungsfähigkeit und schwächte seine Aufmerksamkeit für versteckte Nachrichten, die darauf hinwiesen, dass der Zweiundneunzigjährige kaum mehr in der Lage war, sein Leben im eigenen Haus allein zu organisieren.

Zwar hatte er ihn nach einigem Gezerfe endlich dazu gebracht, ein Notrufsystem installieren zu lassen, doch was nützte das, wenn er den Alarmtaster nicht am Handgelenk trug! Erst, als er gestürzt war und sich dabei den Arm gebrochen hatte, schnallte er das *Miststück* um. Aus eigener Kraft war er nicht mehr auf die Beine gekommen und hatte sechs Stunden sitzend am Boden verbracht, bis seiner Nachbarin, die über Haus- und Wohnungsschlüssel verfügte, der geschlossene Rollladen vor der Terrassentür zum Menetekel wurde. Sie hatte ihn aus seiner Zwangssitzung befreit und ins Krankenhaus transportieren lassen. Nun war nur zu hoffen, dass er, sollte er wieder *hinknallen*, wie er es nannte, den Alarmtaster drückte und nicht gottergeben darauf wartete, dass sich das wundersame Erscheinen der Nachbarin wiederholte.

Endlich konnte sich Winter die Kleider vom Leib und die Hörmöpse aus den Ohren reißen! Halt: In der Brusttasche seines Hemdes knisterte ein Zettel. – Ach, du liebe Zeit: Er hatte Aykuts Technik-Ordner mit heimgeschleppt, anstatt ihn in Knechts Fach zu stecken! Und die Lektüren hatte er, wie gewohnt, nach Gebrauch in seinem Fach abgelegt. Nun stand er wieder da wie am Morgen! Das war – wäre zum Ausdemfensterspringen –, doch was käme dabei heraus, wollte er sich beim Wort nehmen? Er stellte sich vor, wie sein luxuriöser Leib zwischen Otto und Liesel Herbst auf den Rasen plumpste oder sie, was noch mehr ins Gewicht fiele, um die Wurst brächte, würde der Grill umgerissen.

Ob noch wer im Lehrerzimmer war? Nein, sicher war die Konferenz längst beendet.

Der Versuch bestätigte seine Ahnung: Es meldete sich Iris Berling – *leider nur vom Band.*

Wer von seinen Kollegen könnte über *Insel* und *Dame* verfügen?

Niemand! Und selbst wenn – was für ein Aufwand!

Abermals war er auf Ottobrunner Internet-Depps angewiesen.

Schluss! Winter hängte Hemd und Hose ordentlich auf Bügel und streckte sich auf dem Sofa aus. Bevor er sich Problemen des nächsten Tages stellte, brauchte er seine *Liegezeit.* Kein schnuckeliges *Schläfchen,* denn das war in den Augen jener, die sowas nie praktizierten, nichtswürdiger Luxus, hautnah am Lotterleben. Und dabei war es im Gegenteil für ihn ein echtes Lebensmittel, dessen dauerhafter Entzug gewiss zu einem verfrühten Ende führte.

Bevor er sich dem Sofa hingab, stellte er den Mobilteil-Wecker des Telefons exakt auf eine halbe Stunde ein. Eigentlich überflüssig, denn er stieg zwar in den tiefsten Keller hinab, doch blieb die Tür offen, und er war fast wieder oben, bevor der Wecker ihn mit der zart geflöteten *Melodie 7* wecken konnte.

Winter war erst halbwegs unten, als ihn die Melodie-7-Fanfare aus der Telefon-Basisstation aufscheuchte. Es war Holger

Junghähnel, der nach ihrer morgendlichen Begegnung, die man getrost eine merkwürdige ErFahrung nennen konnte, den gleichen Vorsatz gefasst hatte wie Winter.

„Na, Confrère", begann Holger, „da staunst du, was?"

Winter schluckte seinen Ärger hinunter, so gut es ging: Ihn während seines Kellergangs aufzustören, war schlimm genug. Und dann diese unsäglich verkorkste Anrede, die er Junghähnel schon vor gut dreißig Jahren untersagt hatte!

„Seit wann besitzt du einen Führerschein", knurrte Winter.

„Besitz ist nicht alles!" Holger lachte. „Was ist wichtiger: einen Führerschein zu besitzen oder ein Auto zu lenken?"

Junghähnel provozierte gern.

„Also, was war denn", ächzte Winter, „ist was passiert?"

„Wie kommst du denn darauf?"

„Na, weil du in Pillingstätt herumgeschlichen bist, Richtung Krankenhaus."

„Aber nein. Ideen hast du! Ich hab' nur ein Stehpult abgeholt. Der Volker Hamburger, kennst du ihn, der ist Altphilologe. Nein? Egal, der hat eine Neue, eine Innenarchitektin, und die besteht auf einer saftigeren Wohnwiese. Und Stehpulte mag sie schon gar nicht! Ich sag' dir nur eins: Goethezeit! Und der hat's mir geschenkt, der Trottel."

„Wahnsinn!"

„Und seine Tusculum-Bände hat er einem Referendar aufgedrängt. Der hat sie mir überlassen, das Stück für einen Euro."

„Hat er dir vielleicht auch *Die Insel der blauen Delphine* und Dürrenmatts *Besuch der alten Dame* geschenkt?", folgte Winter einem wunderartigen Einfall. „Oder hast du diese Bücher?"

„Nee. Was ist denn das Erste? Ein Jugendbuch? Nein, bestimmt nicht. Und Dürrenmatt? – Ganz sicher auch nicht. Ich hab' schon ziemlich viel Ballast über Bord gekippt, auch wegen Tatjana: Es wird ihr bei uns irgendwie zu eng. Sie hat ja recht: Demnächst brauchen wir ein Kinderzimmer."

„Was, ihr wollt adoptieren? Find' ich sehr sozial!"

„Quatsch! Ich bin erst achtundfünfzig, Confrère. Und Tatjana ist siebenunddreißig."

„Ach, eigenhändig habt ihr?"

„Kann man wohl sagen! Wird ein Junge. Rat mal, wie er heißt!"

„Vielleicht Gustav?"

„Hoppla! Meinst du das jetzt im Ernst?"

„Warum nicht! Gustav ist im Kommen."

„Also, ich geb's zu: Gustav."

„Und in welchem Monat?"

„Schon im fünften. Und alles bestens. Aber, wie gesagt, ich muss noch 'ne Menge raushauen: Alles schleuderhaft günstig. Willst du mal vorbeikommen? Bist der Erste, der vom Kinder-Schlussverkauf erfährt."

„Klingt aber ein bisschen komisch. Du, nee, lieber nicht", lahmte Winter. „Bin in letzter Zeit fatalistisch. Brauche nichts, will selber dies und das loswerden. Ändert sich vielleicht bald wieder."

„Wo kneift denn die Hose, Confrère?"

„Keine Ahnung, es ist wie der Blues. Dabei geht's mir gut. Sehr gut sogar. Steige aus!"

„Was, aus der Schule?"

„Für ein Jahr."

„Au", bemerkte Holger, „das ist schon öfter schiefgegangen."

„Wieso?"

„Na, weil man in so 'ner Memopause auf den Geschmack kommt und dann Schule endlich Schule sein lässt."

„So wie du?"

„Genau. Mich hätten keine zehn Esel wieder reingebracht! Hör mal, bei mir klopft einer. Also, ich mach' Schluss. Überleg's dir. Ciao!"

In Winters Telefoninnerei klopfte niemand, doch er machte sich wieder auf die Beine: Zehn Minuten vor der Weckzeit, stellte er bitter fest. Für nichts!

Riech, was kommt von draußen rein: Die Herbst-Würste erregten, das musste Winter ihnen lassen, animalische Gelüste. Und heute stand der Wind besonders ungünstig. Da half nur der Bodenventilator! HV-350 E gelang es mühelos, die schweinernen Düfte wieder zum Fenster hinauszutreiben. Was nichts daran änderte, dass ihn jetzt Hungergefühle anknabberten. Nichts da! Für heute hatte er wahrhaftig genug gegessen!

Und morgen früh? Das gleiche Desaster wie heute! Dabei hatte es Gelegenheit in Fülle gegeben, wenigstens Milch und Saft und das Morgenmüsli zu kaufen. Deswegen sich nochmal in Montur zu werfen und den Schwitzkasten Astra erneut in Gang zu setzen?

Winter studierte ernsthaft den Inhalt seines Kühlschranks: Besonders unangenehm fiel ihm die Chardonnay-Flasche auf, in der höchstens noch ein Viertele schwappte. Genau die bekömmliche Menge, mein Lieber! Und wenn er schon heroisch auf richtiges Essen verzichten wollte, wo war dann Knabberzeug? Alles leer, alles weg!

Und im Tiefkühlteil wohnte nicht ein einziges Eis am Stiel! Nein, das hatte er nach diesem Tag wirklich nicht verdient, hungrig, ach was, stocknüchtern ins Bett zu gehen! Per Astra ad Aldi, hatte ihn Zordel schon mal angefrotzelt, als er ihn beim Discounter in Täschnersheim traf. Zordel fuhr Golf. Also einfach den Buckel runter. Oh nein! Nicht, weil alles so billig war. Irgendwo hatte er gelesen, die meisten Kunden schätzten vor allem die Übersichtlichkeit. Niemand musste sich einen Kopf machen. Jedermann lud alles fast besinnungslos in den Caddie und stand flugs vor der Kasse – meist in einer langen Schlange. Mit all dem, wovon man seit Jahren lebte und eines Tages vielleicht starb. Heute brauchte man nicht mal mehr Bargeld. Nur eine gewisse Zahl(en)präsenz, wegen der PIN.

Winter schaute auf die Uhr: Zwanzig vor sieben. Beeilung! Um sieben schloss das Futterarsenal. Alles andere ließ sich verschieben. Die Telefonate mit Vater und Sohn zum Beispiel.

Nein, selbst bei solchen Eilkäufen war Winter für eine altersgemäße Bekleidung. In kurzen Hosen wirkte ein fast Sechzigjähriger auf keinen Fall angezogen! Ausgeschlossen. Nacktfüßig in Sandalen? Nein, das gehörte zu diesen Skandalen, die bei Nacht und Nebel über die deutsch-französische Grenze kamen und sich rasant einbürgerten. Abgesehen davon waren die vor grauen Jahren gekauften Tennissocken einfach nicht umzubringen, und es war Winter scheißegal, wenn weiße Socken in Sandalen inzwischen als megaspießig galten!

Nein. Um das Leergut, das schon wieder ein ganzes Küchenschrankfach füllte, konnte er sich jetzt nicht kümmern. Diskret die Flaschen zu beseitigen war im Sommer besonders schwierig, denn egal, wie hell es noch oder wie dunkel es schon war, die Einwurfzeit endete mit dem Beginn der Tagesschau.

Dabei hätte der Lärm von splitterndem Glas zu erstaunlich vielen Meldungen gepasst. Nicht zuletzt zur Amtsübernahme Albrechts II. in Monaco, ging es Winter durch den Sinn, als er seine Jeans zuzippte. Nun noch rasch mit den Tennissockenfüßen in die dankbaren schwarzen Slipper (wer schrieb denn Sandalen vor?), und der Schussfahrt stand nichts mehr im Weg.

Aldi-Kunden waren hoch konzentriert. Das merkte man schon daran, dass keiner einem andern seinen Caddie anbot. Als es ihm auffiel, hatte Winter erst gedacht, es sei bloß noch nie einer auf die Idee gekommen, dass man sich selbst und dem Caddie-Übernehmer mit solch fliegendem Wechsel einen Gefallen erweisen könnte. Bis er dahinterkam: Viele Caddie-Benutzer schoben statt eines Euro eine Plastikmünze in den Entfesselungsriegel.

Aber leider nicht alle. Und so wurde aus dem Flux ein Rucks mit umständlichen Erklärungen, ja Disputen, und am Ende musste das Warentransportmittel doch eigenhändig angekettet werden, damit man wieder in den Besitz der Plastikmünze kam. Nur Plastikmünzen-Habenichtse kamen auf die Idee des Austausches zwischen Mensch und Mensch und ließen verführerisch ein echtes Geldstück in der Sonne funkeln. Im schlimmsten Fall tauschte der Laie wie ein anderer Hans im Glück ein Geld- gegen ein Plastikstück. Und wer sich als Profi auf einen solchen Tausch einließ, war auch angeschmiert, denn er verlor seine Autonomie. Wie leicht kam man in den Besitz eines Geldstückes, und wie schwer war es, eine Plastikmünze zu finden. Wem das einmal aus Gedankenlosigkeit, Gutmütigkeit passiert war, der würde dieses Teil, das nicht einen Cent wert war, hüten wie nie zuvor einen Euro und jeglichem Übernahmebegehren (allein schon begehrlichen Blicken) wortlos enteilen.

Glücklich, wer jetzt, zehn vor sieben, zu zweit unterwegs war, denn Partner A konnte sich gleich mit dem (fast) leeren Wagen in die Schlange einreihen, während Partner B alle gewünschten Waren erraffte, mit vollen Armen heranschaffte und in den Caddie purzeln ließ. Allerdings musste die Partnerarbeit erledigt sein, bevor A in die Kasseneinbahngasse geriet, denn in diesem Fall hatte B bei Anlieferung weiterer Waren keine Chance mehr: Die Endglieder der Schlange rückten keinen Deut beiseite.

Was brauchte nun Winter *gschwind*? Richtig, Schweizer Käsestangen, Milch, Wein (die letzten sechs Flaschen Fendant aus dem Rhônetal, fein), Saft, H-Milch, Öko-Bananen. Na, und vielleicht auch Lachs. Und Deo. Das unbedingt. Und dann gleich auch noch die Kosmetiktücher, die *Kokett* hießen und Winter mit diesem weit ausholenden und danebengreifenden Namen an längst untergegangene Produkte des sächsischen Staatssozialismus erinnerten (glücklicherweise nicht in ihrer Qualität).

Sein Lieblingseis fehlte – nicht zu fassen! Auch die schwache Hoffnung, es könnte sich unter anderen Sorten verstecken, erfüllte sich nicht. Doch da: In einem momentan herren- oder frauenlosen Caddie lagen fünf Packungen. Warum Eiskumpan(in) dermaßen zuschlug? Sollte Winter ihn ansprechen und ihm wenigstens eine Schachtel abluchsen?

Winter sah sich um: War es der zwanzigjährige männliche Bub? Oder die drahtige, sonnenbankgegerbte Endvierzigerin, die vor dem Kühlregal die Käsesorten umgaukelte? Nein, bestimmt der Bub.

Als Winter ihn ansprach, legte er die Pizzaschachtel, die er gerade in seinen fleischigen Händen wog, sorgfältig an ihren Platz zurück und schloss den Schiebedeckel.

„Ob ich was?", fragte er.

„Ob Sie mir eine Ihrer Eispackungen abtreten könnten", wiederholte Winter.

„Nein", entschied der Bub. „Dann sind es zu wenig: Mein Kumpel hat Geburtstag, und heut Abend sind wir auf seiner Party vierzehn Stück. Und der Markus kriegt zwei."

„Aber vielleicht könnten Sie statt der einen Packung eine mit Mandel-Eis nehmen, das schmeckt auch gut."

„Tut mir leid, das geht nicht: Dann fühlen sich die letzten benachteiligt, denn das ist kein Vergleich mit dem."

„Wie wär's, ich könnte Ihnen im Tausch eine Flasche Fendant abtreten. Da hab' ich die letzten sechs ergattert."

„Was?"

„Das ist der Wein hier, aus der Schweiz, schmeckt sehr gut."

„Wein? Kein Interesse, tut mir leid."

„Okay, dann kann man nichts machen", schloss Winter das Gespräch, nicht ohne das Gefühl einer gewissen Genugtuung – waren doch viele andere offensichtlich auf seinen Geschmack gekommen: Er fühlte sich wie gewärmt im großen Kreis der Himbeerjogurteis-Esser.

Und er fasste einen Entschluss, zu dem er sich selbst gleich auf die Schulter klopfte. Er lautete: *Carpe diem*! Wenn die Ungunst der Stunde ihn zum Verzicht zwang, dann bestand das Tagemelken in diesem Fall eben darin, dass er sich voller Lust kasteite. Irgendetwas stimmte zwar an diesem Konstrukt nicht, aber in Winter keimte etwas, und jetzt, tatsächlich, fühlte er in sich schon die Freude der Askese aufsteigen. Auch in den nächsten Tagen würde er das Objekt seiner Begierde meiden. Mal sehen, wozu er noch fähig war! Vielleicht sogar zu einem Totalverzicht – für ein Weilchen!

Der Laden war längst zu, doch als Winter seinen Wagen zu den Kassen schob, wurde eine, die gerade noch besetzt gewesen war, geschlossen. Nicht nur Gorbi, auch Aldi bestrafte die Zauderer und Zuspätgekommenen mit längerem Aufenthalt in der Warteschlange. Die letzte Kassiererin gehörte vermutlich nicht zu den Bestraften, denn ihre Kolleginnen erledigten inzwischen unangenehmere Lager-Arbeiten. Dennoch schmiss sie, konnte ein Kunde ihrer fliegenden Kassenscannerei nicht folgen, zwischendurch die Stapelware in den Caddie und forderte barsch die PIN, sodass Winter – er war noch gar nicht dran – hektisch in seinem Gedächtnis kramte und prompt in Zweifel geriet. Dennoch streckte er, in der Hoffnung, sie werde ihm im entscheidenden Moment schon wieder einfallen, der Kassiererin seine Karte hin.

Es klappte nicht: Nach einer Fehleingabe musste er zugeben, seine PIN im Augenblick falsch präsent zu haben. *Gib's auf, gib's auf!* Bei der Kassiererin war er unten durch. Sie riss ihm den Fünfzig-Euro-Schein aus der Hand, knallte affenartig schnell das Rückgeld auf die Theke und schob schon die Eispakete des Milchbubs hinterher, sodass er beim raschen Griff nach seinem Geld sich an zwei Münzen vergrapschte und sie zu Boden fallen ließ.

Behände ging der Milchbub in die Hocke, sammelte das Geld und übergab es Winter mit einem vorschnellen *kei Ursach.*

Immerhin: Ein Funke Anstand glühte immer noch in fast jedem jungen Menschen, wenn man ihm die Chance gab, sich vor einem älteren mitmenschlich zu bücken: Winter war mit dem Eisverweigerer jetzt so gut wie versöhnt.

Nein, er konnte zufrieden sein. Es war ihm gelungen, noch fast alle fehlenden Abend- und Morgenüberlebensmittel zu ergattern. Und das in Rekordzeit.

Beim Eintritt in seine Wohnung tönte Winter über den Lautsprecher des Anrufbeantworters die Stimme seines Vaters entgegen.

„Wo, zum Teufel, treibst du dich herum?"

Winter ging in die Hocke, ließ den Weinkarton aus der Beuge seines linken Arms auf das Sofa des Arbeitszimmers gleiten, schnappte sich das Mobilteil und drückte auf Gesprächsannahme: „Hallo Vater", meldete er sich, „ich komm' grade zur Tür rein. War schnell einkaufen."

„Jetzt bist du schon im Fernsehen."

Horst Winters Stimme klang vorwurfsbeladen.

„Eben haben sie gezeigt, wie mein Herr Sohn sich im Flugzeug nach Singapur in der Ersten Klasse bedienen lässt. Sind denn schon Sommerferien? Und wozu fliegst du nach Singapur? Ich hab' dir doch gesagt, mein Zehdehbläher funktioniert nicht richtig. Hättest dich ruhig mal melden können."

„Also hör mal", versuchte Winter den Redefluss seines Vaters zu unterbrechen. „Ich bin hier!"

„Wo! In Singapur?"

„Nein, bei mir zu Hause."

„Verarsch' mich nicht, mein Sohn! Eben haben sie dich im Fernsehen gezeigt. Im Flugzeug. Ich hab' gedacht, ich seh' nicht recht. Und die Stewardess hat dir einen Gin Tonic serviert. Prost!"

„Aber nein. Hör mal zu: Du hast doch meine Telefonnummer gewählt. Und ich bin am Apparat. Da kann ich doch wohl schlecht gleichzeitig im Flugzeug sitzen."

„Na klar, was denn sonst. Du glaubst wohl, ich spinne."

„Nein, Vater, wie kommst du denn darauf! Nur, wie soll ich denn am Telefon und gleichzeitig im Flugzeug sein."

„Das geht alles irgendwie."

„Aber was soll ich in Singapur? Außerdem hast du völlig recht: Ich habe noch keine Ferien."

Horst Winter schwieg.

„Vater, bist du noch dran?", erkundigte sich Winter.

„– – Na, dann habe ich mich wohl getäuscht."

Die Stimme klang etwas kläglich.

„Musst entschuldigen. Aber du warst doch mal in Singapur, das stimmt doch. Dann haben sie mir vielleicht alte Aufnahmen gezeigt."

„Vater, ich war noch nie in Singapur. Ist ja auch unwichtig. Ich hab' nur mal in Hongkong Zwischenstation gemacht auf dem Flug nach Neuseeland. Aber das ist schon fünfzehn Jahre her. Vielleicht hattest du das im Sinn?"

„So lang? Wo ist die Zeit geblieben!"

„Stimmt", bestätigte Winter, „auch mir sind die Jahre schneller vergangen als damals die Flugzeit nach Hongkong."

„Hast recht, mein Sohn. Kann ja gar nicht sein. Du hattest damals noch einen Rauschebart. Aber der, den sie mir im Flugzeug gezeigt haben, sah aus, wie du jetzt aussiehst. Obwohl ich ihn eigentlich nur ganz verschwommen gesehen habe."

„Das gibt es doch", versuchte Winter seinen Vater aus seinem Gefängnis zu befreien. „Starke Ähnlichkeit, meine ich. Welche Brille hast du denn auf?"

„Wenn du mich jetzt so fragst: Mensch, isn Ding, das ist ja die Lesebrille. Na, dann brauche ich mich über nichts mehr zu wundern. – – Du, das ist mir jetzt aber peinlich."

„Macht doch nichts. Was ist nun los mit deinem CD-Player?"

„Du denkst bestimmt, dass ich spinne."

„Vater, wenn du wüsstest, was mir heute schon alles passiert ist! Da ist dein kleines Versehen nüscht dagegen. Also, was ist los mit dem *Bläher*?"

„Ja, also, der spielt mir immer das gleiche Stück. Es ist das Ständchen von Schubert: *Lahaise flehen mahaine Lieder durch die Nahacht zu dir*. Ich kann's nicht mehr hören. Das heißt, eigentlich hab' ich es immer ganz gern gehört. Aber doch nicht endlos. Das ist eine Strafe. Dabei sind noch andere Stücke auf der Zehdeh angegeben. Ich kann das aber nicht lesen. Auch nicht mit der Lesebrille. Ist viel zu klein gedruckt. Moment mal, ich hol' schnell meine Lupe."

Es rappelte in der Leitung. Horst Winter legte den Hörer ab.

„Du hast die Repeat-Funktion eingeschaltet!", schrie Winter seinem Vater hinterher.

Winter ließ sich neben dem Karton mit den Fendant-Flaschen nieder und übte sich in Geduld. Das konnte Minuten dauern, bis Vater die Lupe fand. Manchmal passierte es, dass er ohne Lupe zum Hörer zurückkam und seinen Sohn fragte, wohin er sie gelegt haben könnte. Winters Tipp, mal auf dem Klo nachzusehen, traf fast immer ins Schwarze.

Diesmal ging es schnell. „Also", meldete sich Horst Winter wieder, „das nächste Stück wäre die Wanderer-Fantasie."

„Du hast die Repeat-Funktion eingeschaltet, Vater."

„Und dann kommt das Ave Maria."

„Hörst du nicht? Die Wiederhol-Funktion."

„Was? Woher willst du das wissen?"

„Weil das die einzig mögliche Erklärung dafür ist, dass das Ständchen ständig wiederholt wird."

„Was sagst du, wie heißt die Taste?"

„Repeat – zu Deutsch Wiederholung. Aber es ist keine spezielle Taste, sondern eine Funktion, die man über das Menü ein- und ausschalten kann."

„– – Gibt es nicht. Hab' ich nie eingeschaltet. Kannst du denn nicht mal schnell rüberkommen?"

„Vater, es ist jetzt fast halb acht. Und bis zu dir sind es hundertneunundvierzig Kilometer. Wie stellst du dir das vor! Und wahrscheinlich bleib' ich dann noch im Stau stecken."

„Ich komm mit dem Ding nicht klar."

„Klar. Hör zu: Ich hol' jetzt meinen CD-Player, und dann gehen wir das Problem gemeinsam und in Ruhe an."

„Nie hast du Zeit für mich!"

„Das stimmt nicht, Vater. Ich war erst vorletzten Sonntag bei dir."

„Das kann nicht sein. Das ist schon viel länger her."

„Ich hab' aber den Kalender vor der Nase. Da steht am Sonntag groß und deutlich: Besuch bei Vater", log Winter. „Wir waren doch zusammen im Parkhotel und haben auf der Terrasse Kaffee getrunken. Erinnerst du dich nicht?"

„Auf der Terrasse. Doch, du hast recht. War das erst vor 'ner Woche?"

„Also, jetzt wart mal: Ich bin gleich wieder da."

Wo hatte er bloß den verdammten CD-Player, den er nie benutzte, nach dem letzten Hilferuf seines Vaters hingetan? In jenem Schuhkarton, den er im Verdacht hatte, war er jedenfalls nicht. Da lagen nur Netzgerät und Kopfhörer. In einer seiner Schreibtischschübe? Auch Fehlanzeige. In einem Stehsammler, der eigentlich nur für Tonkassetten mit Aufnahmen für den Deutsch- und Geschichtsunterricht und den Walkman vorgesehen war? Tatsächlich, da war das Teil. Vermutlich, weil es nach dem letzten *Zehdehbläher*-Disput die einfachste Lösung gewesen war, sich das Ärgernis aus den Augen zu schaffen.

„Ich hab's", meldete er sich wieder. Sein Vater blieb, das wusste Winter genau, die ganze Zeit mit dem Hörer am Ohr sitzen. „Also, hast du dein Gerät vor dir? Pass auf. Unter dem Fenster, außerhalb des Ovals, sind zwei kleine Knöpfchen. Links und rechts. Siehst du die?"

„Natürlich seh' ich die. Bin doch nicht blind."

„Über dem linken steht *Program* und über dem rechten *P-Mode*."

„Moment – wo soll was stehen? Entschuldige, ich guck mal mit der Lupe, ja?"

Es rappelte. Horst Winter legte den Hörer ab und nahm ihn nach gründlicher Prüfung des Sachverhaltes wieder auf: „Stimmt. Und nun? Was soll ich denn machen?"

Winter legte in seinen Player eine CD ein und schloss das Netzgerät an.

„Ist denn eine CD drin?"

„Natürlich", meldete sein Vater, „die mit dem Ständchen. Sonst kann ja nichts spielen."

„Gut: Drücke bitte auf Start."

„Wo ist Start?"

„Ich meine auf die Taste, die du immer drückst, wenn du eine CD abspielen willst."

„Ja, ich drücke. Und jetzt?"

„Läuft die CD?"

„Woher soll ich das wissen? Wenn ich mir den Kopfhörer aufsetze, kann ich dir nicht mehr folgen."

„Aber du siehst doch im Display, ob sich da was bewegt?"

„Nein, da sehe ich gar nichts."

„Dann schau doch bitte nochmal mit der Lupe."

„Gut."

„Und?"

„Ja, da ist was zu sehen. Ich kann aber überhaupt nichts erkennen."

„Sitzt du am Fenster?"

„Wo denn sonst. Ich sitze doch immer am Fenster, wenn ich mit dir telefoniere."

„Scheint die Sonne rein?"

„Natürlich scheint die um diese Zeit rein. Welchen von den beiden Knöpfen soll ich denn drücken?"

„Den rechten. Und wenn du versehentlich die Repeat-Funktion eingeschaltet hast, musst du zweimal drücken."

„Habe ich jetzt schon gedrückt?"

„Das weiß ich nicht, Vater. Ich sehe ja nicht, was du machst."

„Ich glaube nicht. Also zweimal."

„Ja."

„Gut, das hab' ich jetzt gemacht. Meinst du, ich kann jetzt die anderen Stücke hören?"

„Ich hoffe es. Wenn du allerdings dreimal gedrückt hast, ist die Repeat-Funktion wieder eingeschaltet."

„Das ist ja zum Kotzen!"

„Vater!"

„Ist doch wahr. Wozu hat das Ding denn solche Funktionen, die kein Mensch braucht. Oder kennst du jemanden, der sich pausenlos das *Ständchen* anhören will? Der muss ganz schön bekackt sein."

„Du meinst beknackt."

„Sag ich doch."

„Nein, du hast bekackt gesagt."

„Red' keinen Mist. Ich weiß immer noch ganz genau, was ich sage."

„Ist ja gut. Vielleicht hab' ich mich verhört. Also, ich hoffe, dass du jetzt klarkommst. Wenn nicht, könntest du vielleicht den Fernseher wieder anmachen."

„Da bringen sie immer ganz andere Sachen, als sie im Programm schreiben."

„Bist du sicher, dass du den richtigen Sender eingeschaltet hast?"

„Natürlich. Jetzt mach' aber einen Punkt: Total verblödet bin ich noch nicht!"

„Das sagt keiner. Aber mir passieren auch Verwechslungen, und ich bin dreißig Jahre jünger als du."

„Werd' erstmal so alt wie ich, dann reden wir weiter."

„Das ist ein Witz, Vater!"

„Nein, ist mir todernst."

„Dann müssen wir jetzt aufhören."

„Ja, ja, ich bin auch müde – nach all den Aufregungen."

„Aber jetzt kannst du doch beruhigt sein. Du weißt, ich bin nicht auf dem Weg nach Singapur."

„Na? – Es passiert so viel."

„Also, jetzt guckst du mal, was im Fernsehen kommt, und suchst dir was Schönes aus."

„Wahrscheinlich wieder nur Ballereien oder die blödsinnige *Straße der Lieder*. Mal ehrlich, was meinst du: Hat der Fischer eine Perücke auf?"

„Du meinst ein Toupet? Keine Ahnung. Mach dir einen schönen Abend."

„Naja. Und wann kommst du?"

„In den nächsten Tagen sicher nicht, Vater. Aber dann sind ja Ferien. Also, mach's gut und schlaf' gut."

„Wie ein Stein."

„Na also."

„Tschüss."

„Tschüss, tschüss, Vater. Kuss!"

„Auch Kuss! – – Angekommen?"

„Ja."

„Deiner auch."

Winter seufzte, er war sich fast sicher: Sein Vater würde weiter pausenlos das *Ständchen* hören. Spätestens morgen war die nächste Klage fällig.

Er stand auf, klemmte sich den Weinkarton erneut unter den linken Arm und griff sich die Einkaufstüte, die natürlich umgesunken war. Aus unerfindlichen Gründen taten ihm das alle Einkaufstüten an. In der Küche brachte er mit einiger Mühe eine Flasche Wein im vollgestopften Tiefkühlfach unter. Auch die anderen Sachen verstaute er.

Vom Garten her brüllte ein Kind. Es war der dreijährige Josef, ein Herbst-Enkel, der vermutlich der Grillpfanne zu nah gekommen war. Seine Mutter, die Herbst-Tochter, rein figürlich von Liesel Herbst kaum zu unterscheiden, pustete auf Josefs Hand.

Ein Linkshänder, registrierte Winter. Es war noch immer furchtbar heiß. Er schälte sich aus Jeans und Poloshirt.

Im Flur, auf der Ablage fiel ihm die Medien-Markt-Tüte mit den gekauften CDs ins Auge – und dem geklauten Adapter. Den hatte er schon ganz vergessen.

Nun aber frisch ran an den Laptop, Typhon-Mäuschen! Winter nahm in Unterhose und Tennissocken auf seinem Chefsessel Platz, stöpselte das Beutestück zwischen Mäuschen und Gerät und schaltete ein. Ob sein Coup sich als gelungen erwiese?

Wieder klopfte ihm das Herz. Die Prozedur dauerte ja schon viel zu lang! –

Gewonnen! Wunderbar geschmeidig glitt der Zeiger über die Bildfläche: Endlich würde aus dem Typhon-Ungeheuer sein allerliebstes Mäuschen, von dem er sich gar nicht mehr trennen wollte.

Winter rief das Freecell-Programm auf. Spiel Nummer 30576. Na, das war wohl mittelleicht: Die Asse lagen zwar ziemlich weit hinten, aber die roten Zweier und Dreier recht weit vorn.

Er wagte einen (fast unüberlegten) Schnellgang. – Oh nein, schon nach zwei Minuten blinkte Alarm. Gut, es gab einen Ausweg, vorerst war das Spiel noch gerettet, aber nun spielte er nicht mehr wild drauflos. Seit den frühen Jahren der Erwachsenzeit hatte er auf jede Art von Spielen verzichtet. Und dann, mit Monika Himmelein, seiner letzten Tisch-, Bett- und Duschgenossin, war er auf den Geschmack gekommen und spielte seitdem – teilweise ganz schön exzessiv – getrost nach der Devise: Bei Freecell sind alle (über dreißigtausend) Spiele zu gewinnen. Bis auf eins.

Dieses allerdings stockte nach zwölf Minuten. Man konnte nur noch ein paar Karten hin- und herschieben. Auf zu einem neuen Versuch! Diesmal nach zwei Minuten schon am Ende. Dabei sah es gar nicht schwer aus. Waren die roten Achter das Problem? Abermals fing Winter von vorn an. Tatsächlich: die Achter. Noch einmal! – Aber auch die schwarzen Sechser. Wo waren sie im entscheidenden Moment? Meine Güte, schon fünfundzwanzig Minuten verspielt. Wie langweilig konnte eine halbe Stunde in der Schule sein! Also: Noch ein Mal! Das Spiel hatte es in sich. *Gib's auf!* schwirrte es Winter durch den Kopf. Das ist ein Tag des Mist-Bauens. Also, noch ein letztes Mal! Ganz langsam, sehr überlegt.

Das Telefon meldete sich mit der fortissimo posaunten *Melodie 7.* Auf die Asse überhaupt nicht achten!

Winter nahm den Hörer ab. Es war Holger.

Na schön, nun war Karo-As als Erstes im Zielfeld. Und dann? – Schon wieder Schluss!

„Na, was gibt's, mein Sohn?", erkundigte sich Winter zerstreut. „Ach so, ja. Deine Stelle. Also jetzt erzähl' mir ganz genau, was passiert ist, ja?"

Ein allerletztes Mal. – Winter spielte jetzt schon eine ganze Schulstunde lang. Und wieder Sense! Das war ja schweißtreibend.

Wie Holger diese, seine dritte Probezeit verbockt hatte, war wirklich eine lange Geschichte. Was sich alles in einem halben Jahr ereignen konnte! Welche Intrigen gesponnen wurden! Einen Großteil seiner Energie hatte Holger darauf verwendet, das Unwetter, das sich über seinem Haupt zusammenzog, zu beobachten und zu analysieren. Kein Wunder, dass unter solchen Umständen bei der Arbeit nichts herauskommen konnte. Auch kam es Winter so vor, als hätte er einzelne Episoden einer wahrhaft ins Unendliche tendierenden Geschichte aus Holgers Mund schon ein paarmal gehört. Wenn er jetzt aber einhakte, vielleicht sogar Anregungen zur Selbstüberprüfung gab, verlängerte er Holgers Jereminade ins Ungeheure.

Das Spiel war schon wieder verloren. Winter begann es noch einmal. Dabei war es ganz einfach. Keiner, der Holger eingestellt hatte, glaubte nach der Probezeit noch immer, in ihm einen Mitarbeiter gefunden zu haben, der sein Geld wert war. Er war und blieb eine Transuse.

Jedes Spiel konnte gewonnen werden, außer einem. Hatte ihn das jetzt erwischt?

Holger schwieg.

„Was du jetzt tun sollst?", fragte Winter. „Woher soll ich das wissen. Also wichtig ist natürlich, dass du ... Kriegst du denn wenigstens Arbeitslosengeld? Das ja. Na also. Wichtig ist, dass du sofort anfängst, dich nach was Neuem umzusehen. Dich jetzt zu vergraben und den Hausmann zu spielen, halte ich für völlig verfehlt. Setz dich am besten gleich morgen früh an den Computer und forste das Internet nach offenen Stellen durch. Und dann stellst du dein Zeug zusammen, das hast du ja noch alles vom letzten Mal, und ab geht die Post. Den Kopf hängen zu lassen wäre das Verkehrteste. Du bist doch jemand. Und du hast eindeutige Qualifikationen. Siehst du! Na also!"

Da, wieder aus! Es war zum Heulen: Eine geschlagene Stunde verspielt! Da, und jetzt auch noch die Meldung, die einem immer den Rest gab: *Es gibt keine gültigen Spielzüge mehr, Sie haben verloren!*

„Ob ich was? Ob ich dir überhaupt zugehört habe? Na klar, was denn sonst."

Winter beendete das blöde Spiel, nicht ohne sich die Nummer notiert zu haben.

„Dann verstehe ich nicht, warum du immer nur *hmmhmm* machst."

„Ja", sagte Winter, „aber es ist auch ein bisschen schwierig. Ich kenne doch die Leute nicht, mit denen du zu tun hattest."

„Du glaubst mir also nicht? Hältst es für übertrieben, was ich erzähle?"

„Nein, nein!"

„Doch. Du denkst, ich bin selbst schuld."

„Beteiligt", räumte Winter ein. „Ist doch immer so."

„Na wunderbar. Dankeschön."

Holger legte auf.

Winters Hör-Ohr erglühte.

Er legte den Telefonhörer in die Halterung der Basisstation zurück. So ein blöder Kerl!

Nach einer Weile griff er wieder nach dem Telefon und wählte Holgers Nummer. An sein heißes Ohr drang ein Besetzttuten. Wahrscheinlich weinte sich Holger jetzt bei seiner Mutter aus.

Winter versuchte es erneut. Mit gleichem Ergebnis.

Er ging in die Küche, zog die (noch immer zu warme) Flasche Fendant aus dem Tiefkühlfach, öffnete sie, schnappte sich ein Glas und die Käsestangen, setzte sich wieder an den Computer und rief erneut das vertrackte Spiel auf.

Jedes Mal, wenn er wieder in eine Sackgasse geraten war, wählte er Holgers Nummer. Der Anschluss war und blieb besetzt.

Das Spiel war tatsächlich nicht zu gewinnen.

**Bibliografische Information Der Deutschen Bibliothek**
Die Deutsche Bibliothek verzeichnet diese Publikation in der
Deutschen Nationalbibliografie; detaillierte bibliografische Daten
sind im Internet über http://dnb.ddb.de abrufbar.

Titelgestaltung unter Verwendung eines Fotos
von Viktoria Vogel bei www.photocase.de

© 2008 · Alle Rechte vorbehalten.
Nachdruck, auch auszugsweise, ohne Genehmigung
des Verlages nicht gestattet.

**Lindemanns Bibliothek**
Literatur und Kunst im Info Verlag, Band 51
Info Verlag GmbH · Käppelestraße 10
76131 Karlsruhe · Germany
www.infoverlag.de

ISBN 978-3-88190-502-2